◆ 術보다는 法, 法보다는 道
검도를 통하여 자기완성의 비결이 이 책에 있다!

표준 검도교본

검도8단 / **고규철 감수**

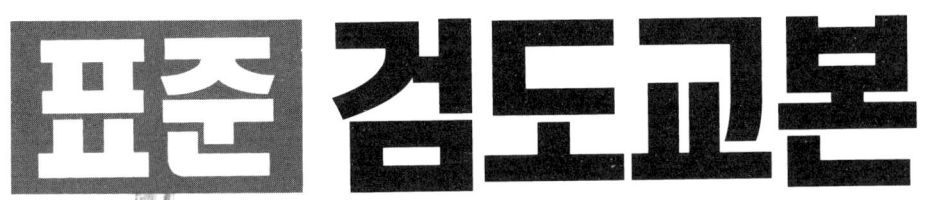

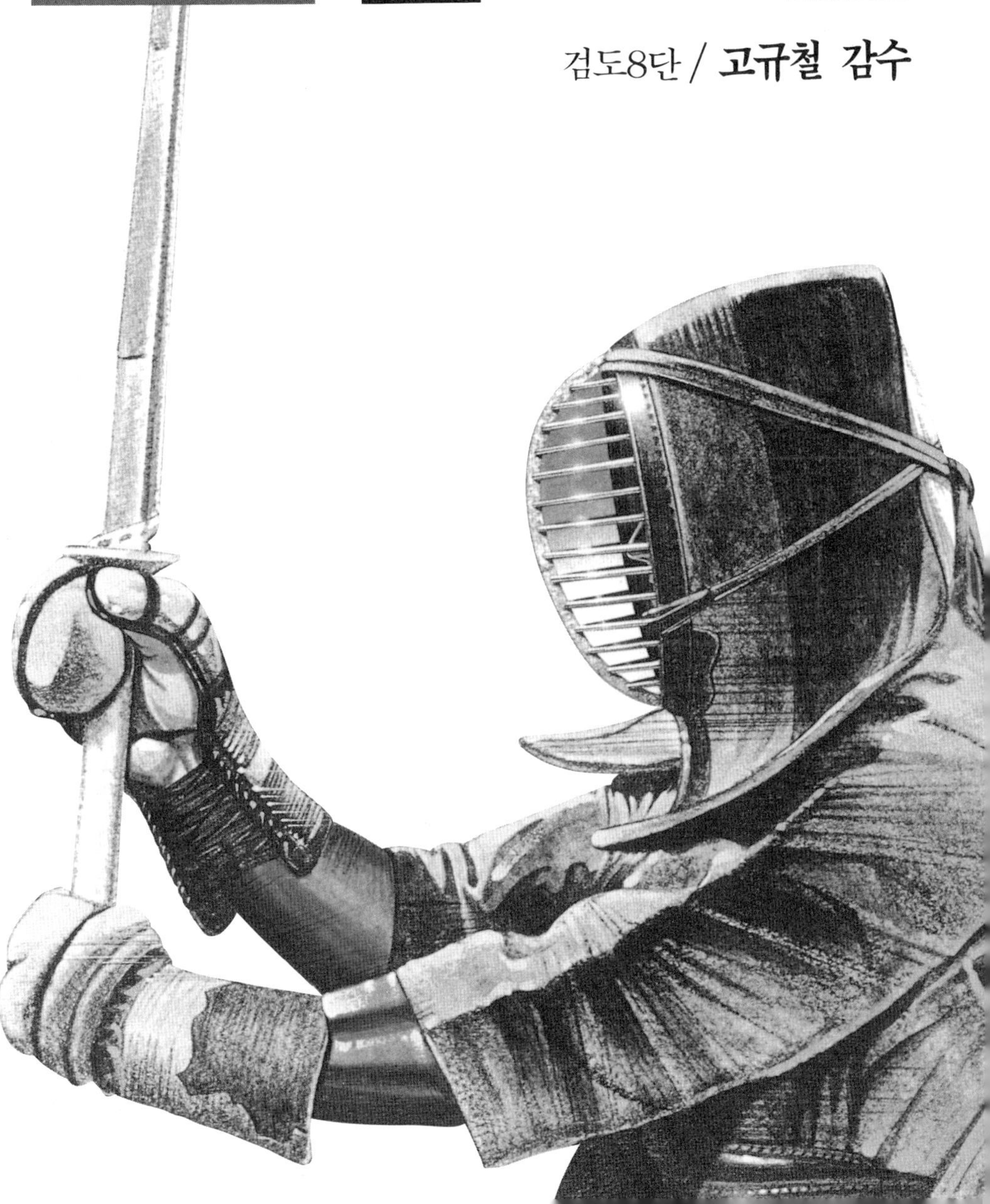

머 리 말

검도를 하는 사람에게 있어서 가장 중요한 것은 올바른 지도하에서 올바른 검도를 몸에 익히는 일이다. 그러나 이것은 말하기는 쉽지만 실제로 행하기란 상당히 어려운 일이다.

특히 최근에는 검도를 배우려는 사람의 수가 급격히 많아져 우리 나라의 검도 인구는 30만에 이르고 있으며, 앞으로 더욱더 늘어날 추세이다. 이것은 매우 경하(慶賀)해야 할 일이지만 지도를 하는 입장에서는 실제적인 집단적 방법을 취해야만 하는 상황이다.

검도 수업 가운데 초심자 단계에서는 지도자 아래서 기본 연습을 반복하는 것이 무엇보다도 중요하다. 그러나 어느 정도 수련을 쌓아 시합에 나갈 기회가 많아지게 되면 그때는 기본 연습만으로는 안 되고 '자기 나름대로의 연구'가 필요해지게 된다. 사람은 제각기 타입이 다르듯이 검도에 있어서도 사람에 따라 다른 훈련 과정이 주어지게 마련이다.

어느 단계에 있는 사람에게나 지도자가 1대1로 충분한 조언을 할 수가 있다면, 그보다 더 좋은 훈련은 없을 것이다. 그렇지만 늘어나는 검도 인구에 비해 도장의 수가 적은 현실 상황에서는 실현되기가 어려운 실정이다.

그런 점을 보완하기 위해 검도에 대한 '새로운 연습법'을 책으로 발간하기로 했다. 이 책을 통해 자기 스스로 과제를 연구함으로써 기술의 향상을 기하는 동시에 시합에서 이기는 방법을 터득하기 바란다. 초보자를 위한 검도 입문서는 이미 많이 나와 있기 때문에 이 책에서는 기본기에 대

해서보다는 실전에서 강해질 수 있는 방법에 조금 더 주안점을 두어 여러 각도에서 설명했다.

특히 2~3단에서 4~5단 사이인 사람들 중에는 다음과 같은 타입이 자주 눈에 띈다. 즉 슬럼프에 빠져 있는 사람, 연습은 남보다 배로 열심히 하고 있지만 진도가 나가지 않는 사람, 혹은 친구와 함께 검도를 시작했는데도 자기만 기술 향상이 늦어져 자신감을 잃어가는 사람 등등이다.

이런 사람들에게는 지금까지와 같은 연습법을 강요해봤자 큰 효과를 기대할 수가 없다. 그래서 이 책에서는 보다 확실하고, 보다 빨리 기술이 향상될 수 있는 연습법을 소개했다.

그리고 눈으로 익히도록 하고자 사진과 그림을 많이 넣었다. 그러므로 설명이 다소 서투르고 불충분하더라도 사진이나 그림으로 대신 소화해주기 바란다.

또 검도는 사회 체육의 하나이다. 이것은 대한검도회가 대한체육회의 가맹단체로 되어 있는 것으로도 알 수 있다. 그리고 모든 스포츠는 일맥상통하는 점이 많기 때문에 검도의 기술을 설명하는 데 있어서도 야구나 축구, 권투, 미식 축구 등 다른 스포츠와 비교해서 설명함으로써 이해를 돕는데 힘썼다.

독자 여러분이 연습을 계속하여 기술이 향상되는 데 있어서 이 책이 다소나마 보탬이 된다면 이보다 더한 기쁨은 없을 것이다.

차 례

제1장 자세를 재점검한다 ································· 7
1. 중단세가 허술하지 않는가 ···························· 8
2. 중심이 뒤로 쏠리고 있지 않는가 ···················· 11
3. 검 끝이 죽어 있지 않는가 ···························· 11
4. 죽도를 쥘 때 위화감을 어떻게 해결하는가 ········ 12
5. 옆구리가 허술하면 힘을 낼 수 없다 ················ 14
6. 시선은 어디에 두는가 ·································· 16

제2장 실전적인 기술을 익힌다 ························ 17
1. 기초 연습을 워밍업으로 오해하고 있지 않는가 ·· 18
2. 뛰어난 기술 조립감각이 공격을 효과적으로 만든다 ···· 20
3. 어떻게 하면 머리치기에 박력이 생길까 ············ 21
4. 실전을 상정한 기술을 연습하고 있는가 ············ 23
5. 펀치 다음에 찬스가 생긴다 ·························· 25

제3장 모든 기본기를 공격으로 직결시킨다 ········ 27
1. 죽도의 생사를 알 수 있는 중단세 ·················· 29
2. 상대보다 빨리 친다 ···································· 34
3. 기색을 보이지 않고 자기 몸을 희생한다 ·········· 43
4. 실전에서 한판이 되는 머리치기를 한다 ············ 48
5. 효과적인 손목 치기 ···································· 54

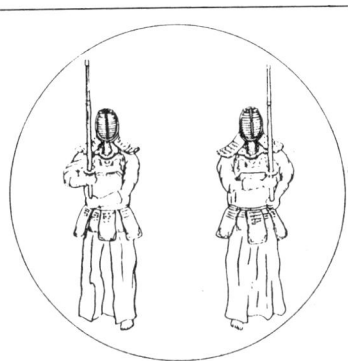

  6. 뛰어들면서 허리를 친다 ·· 59
  7. 찌르기의 효과 ·· 67
제4장 공수(攻守)의 균형감각과 공격의 타이밍 ········ 73
  1. 공격과 수비의 균형감각은 중요하다 ···················· 74
  2. 자신있는 공격 패턴은 자신있는 수비에서 ··········· 77
  3. 격자의 타이밍이 중요하다 ···································· 80
  4. 타이밍을 어긋나게 하는 것들 ······························· 85
제5장 기력으로 적극적으로 치고 나간다 ················ 89
  1. 연속 기술로 결판낸다 ··· 90
  2. 상대가 움직이려고 할 때 선수를 친다 ················ 95
  3. 뿌리치고 친다 ·· 99
  4. 의표를 찌르는 어깨칼 기술 ································· 105
  5. 편수(片手) 기술은 강력한 무기 ··························· 110
  6. 공격의 패턴을 만든다 ·· 116
제6장 감각을 연마해야만 예리한 응수기술로 된다 ·· 123
  1. 비켜치기 기술의 비밀 ·· 124
  2. 퇴격기(退擊技)를 장기로 한다 ···························· 131
  3. 스쳐올리기는 비벼서 튀겨올린다 ······················· 136
  4. 실전에 살아나는 손목 스쳐올려 머리치기 ········· 141

  5. 쳐서 떨어뜨리기 기술은 검도의 비법 ……………… 147
제7장 상단세는 불같은 기세가 있어야 한다 ………… 151
  1. 상단세를 취한다 …………………………………… 152
  2. 머리치기의 위력이 손목치기를 살린다 ………… 157
  3. 상단세로부터의 양손치기 ………………………… 164
  4. 상단세도 무서울 것 없다 ………………………… 169
제8장 승패는 종이 한 장 차이로 결판난다 …………… 175
  1. 승패까지 호각이라고는 할 수 없다 ……………… 177
  2. 기술의 고유화 ……………………………………… 179
  3. 시합의 흐름을 읽고 승기를 잡는다 ……………… 183
제9장 절대불패(絶對不敗)의 검을 찾는다 …………… 189
  1. 전력을 다해서 시합에 이긴다 …………………… 190
  2. 기력을 폭발시킨다 ………………………………… 194
  3. 의식과잉과 자유로운 움직임 ……………………… 199
  4. 망설임을 없앤다 …………………………………… 205
 ◪ **부 록** ………………………………………………… 211
  • 검도 용어 해설 …………………………………… 212
  • 검도 시합 규칙 …………………………………… 217
  • 검도 심판 규칙 …………………………………… 230
  • 시합 운영상의 유의 사항 ………………………… 237

제 1 장 자세를 재점검한다

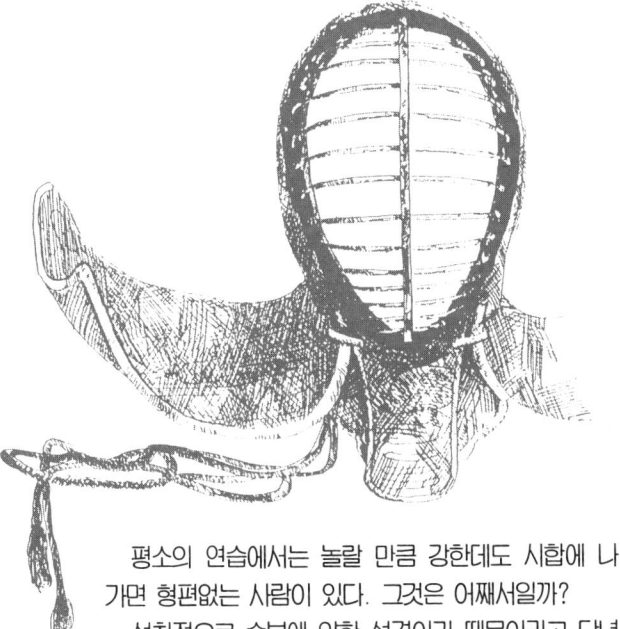

　평소의 연습에서는 놀랄 만큼 강한데도 시합에 나가면 형편없는 사람이 있다. 그것은 어째서일까?
　선천적으로 승부에 약한 성격이기 때문이라고 단념하는 것은 성급하다. 그날은 컨디션이 나빴다고 생각하는 것도 책임 회피이다. 실전에 약한 원인을 규명하고 그 약점을 하나씩 해결해 나가는 노력이 가장 필요하다.

1. 중단세(中段勢)가 허술하지 않는가

　검도를 사랑하는 마음은 누구에게도 지지 않는다. 연습을 남들보다 배나 하고 있다. 그런데도 막상 실전에서는 평소의 절반 정도의 힘밖에 나오지 않아 안타깝다. 이런 경우는 검도에만 있는 것이 아니다. 다른 경기나 스포츠의 세계에도 이런 경우가 종종 있다. 야구에서는 대기석에서는 위력있는 공을 던지면서도 막상 마운드에 올라가면 그 순간 위축되어 자멸해버리는 투수가 많다. 불펜 에이스라고 불리는 이런 선수는 감독도 애를 먹는다. 그렇지만 가장 울고 싶은 사람은 본인일 것이다.
　검도에서도 평소 자기 도장에서의 연습 때는 놀랄 만큼 강하면서도 막상 대회에 출전하여 공식적인 무대에 서면 형편없어지는 사람이 있다. 그 원인을 상세하게 규명하여 그런 약점을 하나씩 해소해 나가는 노력이야말로 검도 본래의 수행(修行)이라고 할 수 있다.
　'자세가 허술하다'는 것은 구체적으로 어떤 것을 말하는 것일까 하고 의문을 품는 사람도 있을 것이다. 그러니 우선 그것부터 설명하기로 한다.
　인간사회에서는 '습관'이라는 현상이 있다. 검도 연습을 예로 들자면 하루 1시간의 연습 중 중단세를 취하는 횟수는 14회 내지 15회가 될 것이다. 계속 반복하는 동작이기 때문에 별다른 생각없이 아무렇게나 중단세를 취하게 된다. '습관'이 무서운 것은 바로 여기에 있다.
　기본에서 단단히 배웠을 중단세가 아무렇게나 자세를 취함으로써 세부적인 점에서 조금씩 허물어져가고 있음을 좀처럼 깨닫지 못하게 된다. 만약 하루에 15회씩 중단세를 취한다면 1개월에 450회나 중단세를 취하는 셈이 된다. 간단한 동작이라 생각하고 무심코 하는 동안에 여러 군데 작은 결함이 생기게 된다. 나쁜 버릇을 옳은 자세라고 착각한 채 연습을 계속하는 것이 가장 무섭다. 다른 경기나 스포츠에서 기본이 되는 중요한 폼이 조금씩 흐트러지고 있는 것과 같다.
　그럼 어떻게 하면 좋은가?

◆ 기백이 살아 있는 중단의 자세

하루에 몇 번씩 중단세를 취하든 간에 그 횟수가 많다고 해서 방심하거나 습관적으로 하지 말고, 매번 신선한 기분으로 완벽한 중단세를 취하도록 자기 자신을 다잡아야 한다.

여기까지는 주로 '자세'가 외형으로만 흐트러지는 것을 '자세가 허술하다'는 표현으로 설명해왔다. 그러나 외형상으로서의 자세도 중요하지만 마음의 준비, 각오가 보다 중요하다는 것을 잊어서는 안 된다. '조금도 빈틈 없는 자세'라고 하는 경우는 대부분이 마음의 자세가 완벽한 것에서 오는 것으로 상대가 틈탈 기회가 없다는 것을 말한다.

상대의 자세에 압도당해서 피나는 수행을 10여 년간이나 계속한 끝에 겨우 상대의 자세에 의한 압박을 물리칠 수 있는 마음가짐을 터득하는 검도의 비법을 알아낼 수 있었다는 검도인의 일화도 있다.

자세만으로 이렇게까지 압도할 수 있었다고 하는 상대도 보통이 아닌데 그 사람이 강한 비결은 그 자세에 상대를 위압하는 무서운 힘이 있기 때문일 것이다. 실제로 어떤 검도인은 자신의 목검 끝에서는 화염(火炎)이 나온다고 말하기도 했다. 그리고 그가 시합을 하게 되어 상대 앞에 서면 정말 죽도 끝에서 무서운 기백을 내뿜어 보이지 않는 힘으로 상대의 마음을 제압했다고 한다.

중단세란 이런 것이어야 한다. 물론 수업 연수가 짧은 사람들에게 그런 것까지 요구하는 것은 무리이겠지만 그 정신만은 이해하기 바란다.

외형도 잘 다듬어진 중단세를 망치지 않도록 매일매일 새로운 기분으로 자세를 취하는 수행을 쌓는 동시에 자신의 죽도 끝에서도 화염 같은 기가 나간다는 정신력을 가져야만 막강한 힘이 나온다는 것을 잊지 않기 바란다. 이것이 없는 중단세를 허풍스런 자세라고 한다. 이런 허술한 자세를 하면 상대는 사정없이 공격해온다. 허점투성이기 때문이다.

다음으로는 자세를 구체적으로 재점검하면서 그 교정법을 생각해보기로 한다.

◆ 중심이 뒤로 쏠려 있으며 기술을 발휘하기 어렵고, 상대에게 위압감도 줄 수 없다.

2. 중심이 뒤로 쏠리고 있지 않는가

중심은 앞발에 6, 뒷발에 4 정도 주는 것이 표준이다. 긴장이 풀려 있으면 반반이 되고 수동적이 되면 4 대 6으로 역전된다. 이런 자세로 상대를 공격해봤자 효과가 없다. 당연히 이 자세는 속도가 나지 않으며 오른발 뒤꿈치부터 내딛기 때문에 발 뒤꿈치를 다치게 된다.

신장과는 관계없이 항상 상대의 머리 위부터 덮어 누르는 것 같은 기분과 상대를 내려다보는 듯한 눈매를 갖는 자세를 잊어서는 안 된다. 다시 말해 상대를 올려다보는 기분이나 자세를 취해서는 안 된다는 말이다. 그러므로 6 대 4의 비율 정도로 앞으로 쏠리는 것이 필요하다.

아무리 격전을 펼치게 되거나 어지러운 난전(亂戰)을 하더라도 한순간 한순간의 자세는 항상 중심이 앞으로 쏠려 있도록 노력해야 한다.

아무래도 연습량이 부족하면 도중에 호흡이 계속되지 않아 그냥 멈추는 경우도 많은데 그때는 이 고비를 넘겨야 한다고 마음을 타일러서 전경자세(前傾姿勢)를 무너뜨리지 않도록 해야 한다. 힘들지만 이것을 극복하지 않는 한 실전에 강한 검도를 터득한다는 것은 바랄 수가 없다.

중심이 뒤쪽으로 너무 쏠려 있으면 그 자체가 이미 상대에 대한 위압감을 느끼고 있는 자세이기 때문에 허술한 자세가 된다. 즉 상대가 얕보게 되는 자세이다.

3. 검 끝이 죽어 있지 않는가

내 목검 끝에서는 화염 같은 기백이 나온다고 말한 어느 검도인과 같이 똑같은 기백을 내뿜는 것을 요구하지는 않겠지만 적어도 그런 기백을 검 끝에 담고 있는 듯한 자세를 갖기 바란다.

죽도 끝에 이 기백이 넘치게 함으로써 상대의 공격을 제압할 수 있다. 이 자세는 죽도 끝이 일직선으로 뻗어 상대의 목 부분으로 향하고 틈만 있으면 순식간에 찌를 정도의 기세를 말한다.

◆ 상대의 목을 찌를 것같이 검 끝이 살아 있는 중단세가 아니고는 무너뜨릴 수가 없다.

 이런 자세가 중요하다. 그 반대의 경우는 검 끝이 죽어 있다고 표현한다. 그런 죽도 끝은 상대의 급소를 피해서 엉뚱한 방향을 가리키고 있는 경우가 많다.

4. 죽도를 쥘 때 위화감(違和感)을 어떻게 해결하는가

 죽도는 양손으로 쥔다. 그렇지만 죽도를 쥐는 부위도 다르며 쥐는 힘도 다르다. 더 자세하게 말하면 열 손가락 하나하나의 쥐는 상태가 모두 조금씩 다르다.

기본 동작은 왼손 새끼손가락을 가장 강하게 죄어서 쥐고, 이하 순서대로 힘을 조금씩 느슨하게 하고, 오른손 새끼손가락은 엄지손가락으로 가볍게 쥐어야 한다. 그러면서도 동시에 죽도에 생명을 불어넣을 듯이 같은 힘을 주지 않으면 안 된다.

이것은 간단한 것 같지만 상당히 어려운 일이다. 왼손과 오른손이 대립되어 있어서는 안 된다는 것은 알지만 협력하는 방법이 상당히 복잡해서 잘 되지 않는다. 보통 사람의 경우는 왼손보다 오른손의 힘이 더 강하다. 그런 경우 왼손으로는 강하게 쥐고 오른손으로는 가볍게 쥐라고 한다. 또 손가락의 힘만 하더라도 좌우에 관계없이 엄지손가락이 가장 강하고 새끼손가락이 가장 약하다.

그러나 죽도를 쥘 때 힘을 주는 방법은 본래의 힘과는 반대의 힘을 요구한다. 즉 가장 약한 왼손 새끼손가락에 힘을 가장 강하게 쥐는 역할을 주고 이하 반대로 가장 강한 오른손 엄지손가락과 집게손가락에는 거의 힘을 주지 않는다. 그렇기 때문에 죽도를 쥐는 방법은 어렵다. 오른손의 힘이 강하게 작용한다든가, 왼손 새끼손가락의 힘이 무력화되는 일이 많으며 그때마다 죽도를 쥐는 방법은 같지 않게 된다. 극단적인 경우에는 왼손의 기능을 오른손이 방해하는 일까지 있다. 그 정도는 아니더라도 양자의 관계나 손가락과 손가락의 기능면에서 서로 저항한다든가 하는 등으

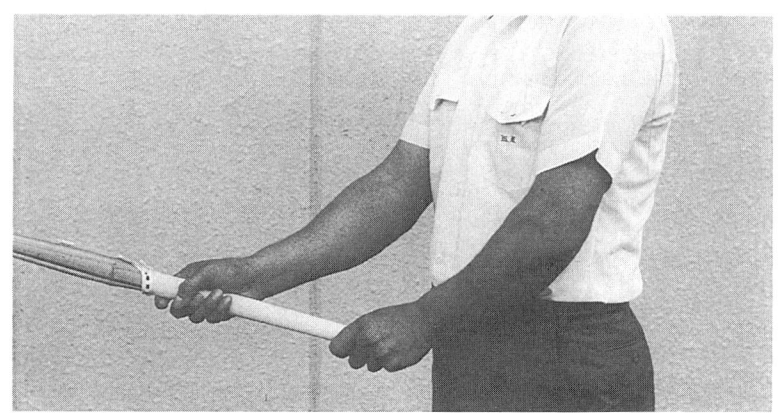

◆ 죽도를 쥐는 모범적인 방법

로 잘 맞지 않는 일이 많다. 이런 것을 죽도를 쥐는 방법에 위화감이 있다고 한다.

강한 근육의 힘을 최대한 억제하고 약한 근육에 강한 힘을 주어서 전체적인 기능을 평준화시켜야 한다. 치우쳐 있는 힘을 그냥 사용하면 죽도의 방향이 치우치게 되기 때문이다. 균형잡힌 죽도를 사용하게 하려는 옛 사람들의 지혜가 죽도 쥐는 방법을 낳았다고 할 수 있을 것이다. 이것은 현대 운동역학의 이론과도 일치하고 있다.

이런 것을 염두에 두고 죽도 쥐는 방법을 각자의 스타일에 맞춰 분석하고 연구하기 바란다. 그러면 스스로 보정(補正)해야 할 점이 명백해지고 납득이 가는 보정을 할 수 있을 것이다. 그렇게 하면 죽도를 들고 자세를 취했을 때 위화감이 없어져 이상적인 자세를 취할 수 있게 될 것이다.

5. 옆구리가 허술하면 힘을 낼 수 없다

야구에서 타자의 결점 중 하나로 옆구리가 허술하다는 말을 쓴다. 씨름의 경우는 옆구리가 허술하면 상대가 마음대로 샅바를 잡고 유리한 자세를 취하는 것을 허용하게 된다. 야구에서 옆구리가 허술하면 상대 투수로부터 몸 쪽으로 붙이는 투구로 공격당해 범타나 삼진을 당하게 된다.

옆구리가 허술하다는 것은 운동 선수에게는 절대 들어서는 안 되는 말이다. 유도, 레슬링, 복싱 등에서도 옆구리가 허술한 선수는 일류가 될 수 없다.

검도에서도 똑같다. 옆구리가 허술하면 힘을 충분히 낼 수 없다는 결점이 통용되는 것이다.

그럼 검도에서 옆구리가 허술하다는 것은 구체적으로 어떤 때를 말하는 것일까. 옆구리가 허술하다느니, 옆구리를 조른다느니, 옆구리를 죈다고 하는 표현은 모두 양 팔꿈치와 몸통과의 관계를 말한다. 그리고 양 팔꿈치를 그저 몸통에 붙인 상태를 옆구리를 죈다고는 말하지 않는다. 양 팔꿈치의 관절을 내전(內轉)시키는 동작이 따라야 한다. 옆구리가 허술하다는 것은 양 팔꿈치의 관절을 외전(外轉)시키면서 몸통에서 바깥쪽으로 내미

◆ 옆구리가 허술하면 자세가 무너지는 수도 있다.

는 것을 말한다.

그러나 옆구리를 죄기만 해도 해결되지는 않는다. 이런 점이 검도를 하는 데 있어 어려운 점이다. 옆구리가 허술하면 안 되지만 그렇다고 해서 옆구리를 너무 죄어도 안 된다. 옆구리를 너무 죄면 중단세 전체가 딱딱해져서 뻗을 수 있는 힘이 방해를 받게 되기 때문이다.

그럼 옆구리는 어떤 상태가 이상적일까? 중단세를 취했을 경우 양 팔꿈치를 약간 죄듯이 하고 몸통 측면에 가볍게 대는 정도로 하는 것이 좋다. 그 사람의 체형에 따르는 다소의 차는 어쩔 수 없겠지만 옆구리가 허술하다든가, 옆구리를 너무 조른다든가 하는 결함이 있으면 그 영향이 금방 죽도를 쥐는 방법에 미치기 때문에 조심하지 않으면 안 된다.

6. 시선은 어디에 두는가

어떤 일을 하는 데 있어 그것을 실행할 때는 시선이 좋으냐 나쁘냐에 따라 결과가 크게 달라진다. 이것은 스포츠에서도 마찬가지이다.

검도에서도 옛날부터 여러 가지 설(說)이 있다. 옛 사람들은 '먼 산을 보는 것 같은 마음으로 상대를 보라'느니, '그림자를 보지 말고 실상(實相)을 보라'고 했다. 이것은 구체적으로 어디를 보라는 것이 아니라 소위 '심안(心眼)'을 강조하는 말이다.

물론 검도가 최고의 경지에 이른다면 옛 사람들의 가르침도 이해할 수 있을 것이다. 그렇지만 현재 검도를 배우는 사람에게 당장 필요한 것은 구체적으로 어디를 보면 좋으냐 하는 것이다.

"상대의 칼 끝과 주먹을 보아야 한다. 격자(擊刺)가 나오는 곳은 칼 끝과 주먹 이외에는 없기 때문이다."라고 말하는 사람도 있다. 또 "상대의 눈을 보라"는 말도 유력하다. 권투 시합을 보면 링에 올라간 선수는 반드시 상대를 무서운 눈으로 노려보고 있는 것을 볼 수 있다. 맹수도 싸울 때는 반드시 적의 눈을 노려본다.

이렇게 보면, 사람이든 동물이든 투쟁 자세로 들어가면 반드시 상대의 눈을 노려보는 본능이 있는 것 같다. 그러므로 '상대의 눈을 보라'는 설도 근거가 없는 것이 아니다.

결론적으로 시선은 상대의 눈을 보도록 한다, 상대의 죽도 끝을 본다, 상대의 오른쪽 주먹을 본다. 이 세 가지가 될 것이다. 여러 가지로 시험해 보아서 자신에게 가장 맞다고 생각하는 것으로 정하도록 한다. 확고한 신념으로 시선을 집중시켜야 한다. 자신도 없고 불안정한 것이 가장 나쁘다.

제 2 장   실전적인 기술을 익힌다

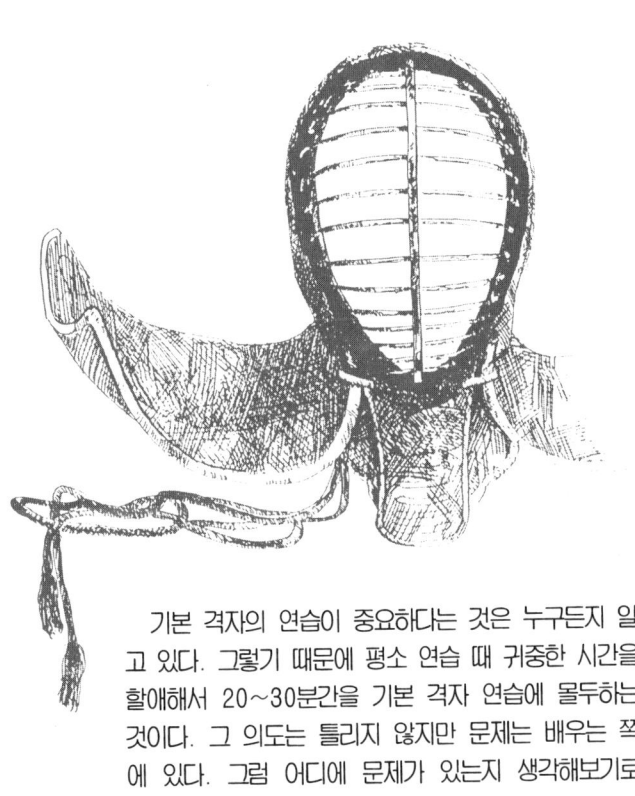

　　기본 격자의 연습이 중요하다는 것은 누구든지 알고 있다. 그렇기 때문에 평소 연습 때 귀중한 시간을 할애해서 20~30분간을 기본 격자 연습에 몰두하는 것이다. 그 의도는 틀리지 않지만 문제는 배우는 쪽에 있다. 그럼 어디에 문제가 있는지 생각해보기로 한다.

1. 기초 연습을 워밍업으로 오해하고 있지 않는가

　연습은 대부분의 경우 유연체조 등으로 몸의 근육을 푼 다음에 시작한다. 그런 다음에 호구(護具)를 착용하고 퇴격격자나 내리치기, 그리고 여러 가지 기본기의 연습을 시작한다. 순서나 시간에 대해서는 다소의 변화가 있어도 전체적인 경과는 크게 다르지 않다.
　그런 다음에 전공연습(專攻練習)이나 호격연습(互格練習), 승부연습(勝負練習)의 경우에는 누구든지 그 나름대로 각오를 하고 진지하게 대전하지만 기본기의 격자 연습이나 응용 기술의 연습이 되면 정해진 종목을 차례차례로 척척 소화해 나간다. 그리고 연습 상대를 해주는 사람은 연습자가 치기 쉽도록 거리를 잡아주어 기술이 깨끗이 성공하도록 도와준다.
　그렇기 때문에 기술 연습은 막힘없이 진행된다. 기술은 모두 성공하기 때문에 공격하는 사람은 만족하고 자기 검도 기술의 향상에 그런 대로 자신을 갖는다.
　그렇지만 이것은 상대가 치기 쉽도록 협력해주고 있기 때문에 모든 기술이 성공하고 있는 것이다. 그러나 콘베이어 시스템처럼 기술의 연습이 이루어지기 때문에 아무래도 진지함이 모자랄 우려가 있다. 이것이 그대로 실전에 도움이 된다고는 생각할 수 없다.
　연습할 때는 멋지게 성공했던 기술이 실전에서는 도무지 성공하지 않는다. 또한 성공하지 않을 뿐만 아니라 잘못하면 반격을 당해 강타를 맞게 될지도 모른다.
　그렇게 되는 것은 기본 격자나 기술 연습에 대한 마음가짐에 뭔가 부족한 것이 있기 때문이다. 실전 그대로의 긴박한 분위기를 재현하고 진지한 격자 연습을 해야 한다. 워밍업을 겸해 가벼운 기분으로 격자 연습을 한다는 자세는 안 된다. 그러기 위해서는 치는 사람이나 상대를 해주는 사람이 힘있고 날카로운 소리를 내어 기합을 충분히 넣고 거리나 타이밍을 신중히 재어 일격필살(一擊必殺)의 기술을 과감하게 발휘하도록 노력해야 한다.

실전적인 기술을 익힌다 19

◆ 기본타격의 연습은 기력을 향상시키고 실전을 의식하면서 진지하게 하는 것이 중요하다.

 하나하나의 타격 연습에 기력과 기백, 진지함을 넣어 연습해 나가면 그것이 그대로 실전에 도움이 된다. 요점은 어떤 마음가짐을 갖고 격자 연습을 매일 지속할 수가 있느냐 하는 것이다.
 자책하면 타성에 빠져 연습하는 일이 많아지기 때문에 이론적으로는 알고 있어도 1년 내내 의식을 실전적으로 바꾸는 것은 쉽지가 않다. 그리고 이것은 한 사람만의 의식 개혁으로는 성립되지 않는다. 도장에서 수행(修行)하는 수강생 전원이 그런 기본이 되지 않으면 충분한 효과를 바랄 수 없다.
 그렇기 때문에 스포츠에서는 '연습은 실전처럼 하고 실전은 연습처럼 하라'는 말을 자주 하게 되는 것이다.

2. 뛰어난 기술 조립감각이 공격을 효과적으로 만든다

공격의 주체가 머리치기라는 것은 검도를 조금이라도 배운 사람이라면 누구든지 알고 있을 것이다. 위력있는 머리치기를 중심으로 하고, 다른 공격으로 각각의 특성을 살리는 것이 바로 기술의 조립이다. 기술의 조립이 변변치 못하면 시합을 이길 수 없다.

그 중에서도 중심이 되는 머리치기가 상대에게 위협을 줄 정도의 강력한 위력을 가지고 있지 않으면 조립 그 자체의 공격력이 반감되고 만다.

이것은 야구에 있어서의 투구 기술과 흡사하다. 투수가 타자를 공격하는 투구 기술의 중심이 되는 볼은 직구(直球)이다. 그리고 그 직구가 투수의 생각에 맞게 잘 컨트롤되면 타자에게 강한 압력을 가하게 된다. 이 강속구를 중심으로 커브라든가 쇼트라든가 포크볼 등의 구종(球種)을 교묘하게 짜 맞추어서 타자를 공격한다. 중심이 되는 직구의 위력이 있어야만 전체적인 배구(配球)의 조립을 잘할 수 있게 되는 것이다.

검도에 있어서도 실력이나 경험에 다소의 차이가 있더라도 실전에서는 그 나름대로 기술의 조립에 주의하면서 대전하기 마련이다. 초보자들 중에는 기술의 조립을 할 실력이 안 되는 사람도 있을 것이다. 그러나 실제로는 단순하고 유치한 감은 있지만 무의식중에 조립된 기술을 무기로 해서 적과 대전하기도 한다.

검도에서 기술의 중심이 되는 것은 머리치기이며 그 위력에 따라 실전에서의 승패를 좌우한다. 그러나 이것은 어디까지나 위력있는 머리치기가 전제조건이 된다. 이것을 더 구체적으로 말하면 스피드가 있어야 하고 잘 뻗어야 하며 체중이 실려 있어야 한다는 것이다. 그리고 기백이 충분히 차고 기(氣)·검(劍)·체(體)가 일치한 머리치기를 해야 한다. 이 박력있는 머리치기를 중심으로 기술을 조립해서 적을 공격한다.

이 조립 기술에는 센스가 요구된다. 센스가 뛰어나면 기술을 효과적으로 사용해서 승리할 확률이 커진다. 실전에서 지고 이기는 갈림길은 이런 점에 세심한 배려를 하고 있느냐 없느냐로 결정된다. 센스도 없고 기술의 조립도 조잡하며 엉성한 사람에게는 검도의 기술 향상은 있을 수 없다.

3. 어떻게 하면 머리치기에 박력이 생길까

"어떻게 하면 머리치기 하는데 박력이 생길까?" 이 주제를 해결하면 명검객이 될 것은 틀림없다. 그러나 실제로는 상당히 어려워서 명검객이 되기 힘든 것이 현실이다.

박력있는 머리치기란 결국 정통으로 머리치기를 성공시켜 무조건 상대가 항복하고 마는 상태를 말한다. 여기까지 도달하기 위해서는 여러 가지 조건을 뛰어넘지 않으면 안 된다.

◆ 쌍방의 죽도가 머리 위에 격렬하게 교차되어 불꽃이 튄다.

상대는 맞고 싶지 않기 때문에 필사적으로 막는다. 그것을 돌파하고 내리치는 기술과 용맹심을 겸비하고 있지 않으면 안 된다.

상대에 따라서 오직 방어만 해서는 안 된다는 것을 깨닫고 상격작전(相擊作戰)으로 나오는 수도 있다. 그렇게 되면 두 사람의 죽도가 격렬하게 쌍방의 머리 위에서 교차되어 불꽃이 튀게 된다.

여기서 이기기 위해서는 무엇보다도 스피드가 요구된다. 그러기 위해서는 쭉 뻗는 머리치기 기술을 익힐 필요가 있지만 이것 또한 어렵다. 쭉 뻗는 머리치기란 처음부터 끝까지 같은 속도로 죽도가 상대의 머리를 향해서 날아가는 것이 아니라 머리에 가까워질수록 속도가 순간적으로 빨라진 상태로 머리를 치는 것을 말한다.

예를 들면 야구에서 투수가 던지는 직구가 타자 가까이에서 갑자기 빨라져 떠오르는 것처럼 보이는 경우가 있는데 이를 쾌속구(快速球)라고 표현하며 이런 속구를 던지면 타자는 헛스윙을 해서 좀처럼 안타를 치지 못한다.

이처럼 잘 뻗는 강속구를 던지는 투수는 프로 야구계에 그리 많지 않다. 이것과 마찬가지로 잘 뻗고 빠른 머리치기를 할 수 있는 검도인도 그리 많지는 않다. 왜냐하면 타고난 천성이 요구되기 때문이다.

그렇지만 그 이치를 알고 속력을 낸다면 다소 성공하는 머리치기를 할 수 있게 된다. 그리고 그렇게 되면 충분히 승기(乘機)를 잡을 수 있다. 그러므로 할 수 있는지 없는지 도전해보아야 한다.

중요한 것은 죽도를 쥐는 방법과 친 순간에 오른쪽 팔꿈치를 뻗는 방법, 양쪽 손목을 쓰는 방법, 그리고 가장 중요한 오른손의 뒤따름일 것이다. 이런 것을 동시에 효과적으로 하면 잘 뻗고 매우 빠른 머리치기를 할 수 있게 된다.

가장 나쁜 것은 오른손으로 죽도 밑 전체를 단단히 꽉 쥐는 것이다. 오른손은 가볍고 여유있게 쥐고 치는 순간에 죽도를 조금 비켜서 뻗는 것이 요령이다. 오른손으로 꽉 쥐고 있으면 이 동작을 할 수 없다. 즉 상대의 머리 위에서 죽도가 뻗지 않게 된다.

불과 몇 센티미터이지만 쌍방이 동시에 머리치기로 나왔을 경우에 이

실전적인 기술을 익힌다 23

◆ 승부는 종이 한 장의 차이로 결정된다.

차이가 승패를 결정한다. 승부는 어차피 종이 한 장의 차이로 결정되는 것이기 때문에 죽도를 먼저 내미는 기술을 몸에 익혀두는 것은 이 경우 무엇과도 바꿀 수 없는 무기가 된다.

4. 실전을 상정(想定)한 기술을 연습하고 있는가

형식적인 기술 연습에서는 아무래도 진지함이 부족해지고 기합도 잘 들어가지 않는다. 그리고 무엇보다도 그렇게 자기에게 유리하도록 시합이 전개될 경우가 드물다. 다시 말해서 실용성이 부족하다.

그렇기 때문에 실전에서 일어날 수 있는 장면을 상정(想定)하고 그런 장면이 되면 어떻게 대처할 것인가. 이렇게 시합이 전개되었을 때는 어디를 어떻게 공격하고 어떤 기술로 승부를 내는가. 상대가 선수를 써서 불리한 태세로 되었을 경우 우선적으로 해야 하는 것은 무엇인가. 그런 다음에 반격을 시작하기 위해서는 어떻게 공격하는 것이 효과적일까. 이런 가능한 경우들을 생각하면 모든 장면을 상정할 수 있을 것이다.

그 중 실전에서 가장 많이 쓰일 것 같은 몇 가지를 골라 최선의 대응책을 연구하여 평소에 기술로 만들어 연습해두도록 한다.

　흔히 유리한 태세로 되었을 때는 머리가 냉정해져 모든 일이 잘 진행되는 법이다. 이와 반대로 열세로 몰리게 되었을 때라든가 서로의 실력이 백중(伯仲)해서 격전이 될 때는 다음에 써야 할 묘수가 좀처럼 머리에 떠오르지 않는다. 머리 끝까지 열이 올라서 정신없이 공격할 뿐이지 국면을 유리하게 전개할 다음 한 수가 떠오르지 않는 것이다. 그렇게 하는 사이에 시간은 자꾸만 경과하여 아무것도 하지 못한 채 패자가 되고 만다.

　만약 이런 상황이 되면 이 방법을 쓰고 그것이 안 될 때는 저 방법이라는 식으로 미리 훈련해서 머리 속에 기억시켜두었다가 시합이 비슷한 상황으로 전개되었을 때는 그 수를 실제로 써보아야 한다.

　설사 열세에 몰려 냉정함을 잃더라도 해야 할 일을 잊지 않고 실행한다면 국면을 타개할 수 있으며 잘하면 역전승도 할 수 있다. 적어도 어떻게 해야 좋을지 알 수 없어 어물거리다가 자멸해버리는 것보다는 훨씬 훌륭하다.

　평소부터 이런 일에 머리를 써서 실전의 흐름을 여러 가지로 상정하고 다음에 쓸 수(가장 효과적이라고 생각되는 방책)를 훈련해두는 것이 중요하다.

　야구 시합에서는 1,2점을 다투는 접전에서 공격측이 2사(死)에 주자 2,3루(壘)가 되었을 때 수비측은 다음 타자를 진출시켜 만루책(滿壘策)을 쓰는 일이 흔히 있다. 아웃 카운트가 2사가 아니더라도 만루책을 쓴다. 그리고 대부분의 경우 이것이 성공하여 점수를 뺏기지 않고 넘어간다.

　이것은 최대의 위기로 몰렸을 때 어떤 수를 쓰는 것이 유효한가를 미리 책정하고 투수를 비롯한 각 야수(野手)의 한 사람 한 사람이 어떤 행동으로 대체하느냐 하는 것을 평소부터 되풀이해서 훈련해둔 성과이다. 훈련을 해두지 않으면 위기에 동요해서 수비진은 흐트러져버리고 실수까지 나오는 최악의 결과가 되고 만다.

　요컨대 해야 할 일을 제대로 해둔 다음에 상황에 맞게 대처한다. 그렇게 했는데도 만일 운이 나빠서 졌다면 그것은 그런 대로 납득이 간다. 승부라는 것은 그런 것이라고 깨닫는다면 그것만으로도 실력이 많이 향상되었다고 보아도 좋다.

5. 핀치 다음에 찬스가 생긴다

"핀치 다음에 찬스가 생긴다."는 말은 야구 시합에서 자주 쓰이는 말이지만 사실은 모든 스포츠 시합에 적용된다. 물론 검도에도 그대로 통용된다.

특히 야구 시합에서 핀치 다음에 찬스가 생긴다는 말은 7회나 8회 공방에서 많이 쓰이는데 성공하는 확률이 높다. 왜냐하면 이때쯤부터 투수가 피로를 느끼고 그 구질(球質)에 타자가 익숙해져가기 때문이다. 그 결과 구위(球威)가 떨어져 안타를 얻어맞기 시작하여 핀치를 초래한다.

이때 투수가 마지막 기력을 다해 정신력을 집중시켜 버티고 야수도 잘 지켜서 핀치를 뚫고 나가면 다음에는 공격할 차례가 돌아온다.

투수의 피로한 정도는 양팀 모두 비슷하기 때문에 핀치를 뚫고나간 쪽이 심리적으로 우세하게 되어 안타를 치게 되며 찬스를 놓친 쪽은 낙심해서 집중력이 떨어진다. 그 명암(明暗)이 시합 초반에도 나타나 뒤바뀌는 일이 많다. 핀치 다음에 찬스가 생긴다는 말은 이렇게 해서 생겼다.

좀더 덧붙인다면 핀치를 뚫고 나가면 찬스가 생기지만 그 핀치를 뚫고 나가지 못하면 그 다음의 찬스는 좀처럼 기대할 수가 없다.

검도에서의 승부도 꼭 같다. 승부를 내는 이상 핀치는 반드시 오는 법이라고 각오하고 있어야 한다. 그 핀치를 뚫고 나갈 수 있는 자신감과 기술이 꼭 필요하지만 이것 또한 그때가 된 다음에는 늦다. 어떻게든지 핀치를 뚫고 나가기 위해서는 어떤 대응이 필요할까. 이것 역시 평소부터 진지하게 그 대책을 연구하여 연습해둘 필요가 있다.

씨름 시합의 경우 상대가 기술을 걸어 보통 같으면 넘어질 텐데도 유연한 허리의 힘을 이용해서 잘 버티다가 잡치기로 상대를 쓰러뜨리는 경우가 있다. 이것은 씨름 선수의 승부 근성을 잘 나타내고 있는 경우라 할 수 있다. 검도의 승부에서도 마찬가지이다. 조금만 형세가 불리해지면 금세 맥없이 지고 마는 것은 평소의 훈련이 부족하기 때문이다.

이런 핀치를 끈기있게 버티는 근성이 없다. 요컨대 자신이 없는 것이다. '요까짓 것, 간단히 질 수는 없다'라는 투지가 생기는 것도 그런 상황이 될 것을 예기하고 같은 상황을 재현하여 끈기있게 버티는 검도를 연습해두었기 때문이다. 끈질긴 검도, 강인한 검도가 핀치를 몇 번이나 구해주는 것이다.

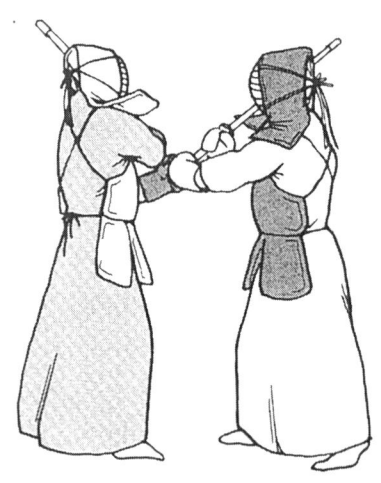

제 3 장 모든 기본기를 공격으로 직결시킨다

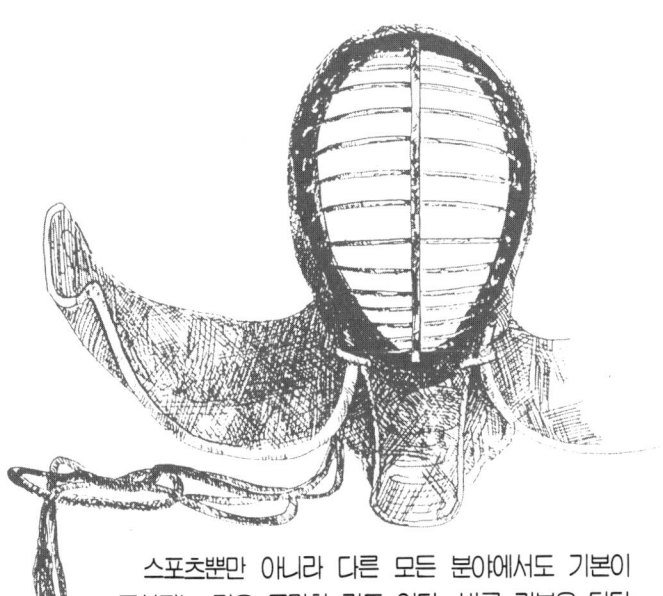

스포츠뿐만 아니라 다른 모든 분야에서도 기본이 중시되는 것은 두말할 것도 없다. 바른 기본을 단단히 익히고 있느냐의 여부가 오랜 수업의 먼 훗날까지 크게 영향을 미치게 된다. 특히 검도에서는 그것이 현저하게 나타난다. 그리고 여기서 중요한 것은 그 기본연습이 '기본을 위한 기본'이 되어서는 안 된다는 것이다. 더 적극적으로 '기본을 공격으로 직결시켜서 연마한다'는 강한 의식을 가져야 한다.

◆ 중단의 자세

1. 죽도의 생사를 알 수 있는 중단세

검도에서는 중단세가 모든 출발점이 된다. 따라서 이 중단세가 나쁘면 다른 모든 기술도 앞으로 좋아질 가능성은 희박하다. 그렇기 때문에 모든 검도 교본이나 실제로 도장에서 가르치는 지도자들이 발은 어떠니, 팔은 어떠니, 허리는 어떠니, 시선은 어떠니 하는 등 중단세에 대해서 엄격하게 가르치고 있는 것이다.

◆ 항상 긴장감을 갖는다.

물론 그 가르침은 옳은 것이며 특별히 정정할 필요도 없을 것이다. 그렇지만 그저 단순히 그것만으로 끝난다면 외형상의 중단세에 지나지 않는다. 아무리 외형상 자세가 좋더라도 마음이나 각오에 대한 연구가 부족하다면 아무것도 아니다. 튼튼한 외형상 자세에 '마음'이 들어가야만 비로소 빈틈이 없는 중단세로 되는 것이다.

그럼 구체적으로 어떤 마음가짐으로 있으면 좋겠는가.

실제로 시합이나 연습에서 중단세를 취했을 때, 여러분은 어떤 기분으로 자기 마음을 컨트롤하고 있는가. 어떤 마음 상태로 자기를 암시하려고 노력했을까.

특히 기술 향상이 늦은 사람에게 많이 나타나는 것은 이 점에 관해서 노력을 하고 있지 않다는 것, 혹은 전혀 그런 것에는 관심이 없다는 점이다. 그런 사람이 취한 중단세에는 박력이 없다. 상대에 대한 위압감도 없다. 물론 공격에 스피드도 없다. 이렇게 되면 강해질 수가 없다.

그러므로 우선 새로운 발상에 의한 마음가짐을 가져야 한다. 그렇게 함으로써 당신의 중단세는 스피드가 있고 박력이 넘치게 될 것이다.

중단세를 취하면 마치 단거리 육상 선수가 결승점을 노려보고 출발신호를 기다리는 그 긴장감을 염두에 두어야 한다. 전신의 근육을 긴장시키고 신경을 집중시키고 기회를 기다려야 한다.

상대를 마주 대하면 중단세를 취하고 이러한 마음가짐으로 자신을 단련시키도록 노력한다. 그러면 틀림없이 박력이 생겨 상대를 위압할 수 있게 된다. 그 자세를 상대의 머리나 손목으로 공격해보기 바란다. 격자의 속력도 지금보다 빨라질 것이다.

자기 몸의 중심과 상대 몸의 중심을 잇는 선을 생명선이라고 부르기도 한다. 이 생명선은 가느다란 선이기 때문에 동시에 두 개의 죽도를 이 위에 둘 수는 없다. 한 개의 죽도가 이 위에 있다면 다른 죽도는 일직선으로 뻗지 못하게 된다.

중단세를 취하고 상대와 죽도를 교차시키면 자기와 상대의 중심선을 잇는 선에 생명선이 있다고 생각하고 그 생명선 위에 항상 자기 죽도를 두도록 한다. 만약 상대의 죽도가 공격해오면 세게 퉁기거나 상대의 죽도

◆ 생명선상에 자기 죽도를 겨눈다.

◆ 고단자끼리의 격렬한 생명선 쟁탈전 모습

아래로 빠져나가 그 자리를 차지한다든가, 위에서 눌러 꼼짝 못 하게 하거나 해서 생명선을 지켜야 한다.

　상대와 싸우는 데 있어서 이 생명선을 자기 것으로 만드느냐 그렇지 못하냐 하는 것은 아주 중요하다. 물론 생명선을 점령하고 있는 쪽이 훨씬 유리하다.

　다시 말해서 이 생명선은 자기의 생명선인 동시에 상대에게도 중요한 생명선인 것이다. 이 이론은 1 대 1의 싸움인 검도나 나라간의 분쟁에서도 똑같이 적용된다.

　예를 들면 양군이 마주 대하고 진을 치고 있다고 하자(검도라면 중단세를 취하고 있는 셈이 된다). 그 양군 사이에 조그만 언덕이 있다고 할 때 그 언덕은 양군에게 있어서 생명선이 된다. 그 언덕을 점령하는 쪽이 이긴다. 승패는 여기서 결정된다. 언덕 위에 소총부대나 활부대를 두고 위에서 자꾸 공격하기만 하면 된다.

　싸움이 1 대 1이거나 집단 대 집단이라고 하더라도 생명선의 중요성은 변하지 않는다. 그러나 검도에서는 그 생명선이 눈에 보이지 않기 때문에 그다지 중요하지 않다고 느끼는 사람이 많다. 그렇지만 검도에서는 이 생명선이 가장 중요하며 이름 그대로 당신의 생명을 지키고 싸움을 유리하게 이끄는 중요한 선인 것이다.

　7단이나 8단의 고단자(高段者) 시합을 보면 처음 얼마 동안은 중단세를 취한 채 꼼짝하지 않는 것을 볼 수 있다. 그러나 자세히 관찰해보면 양쪽의 죽도가 서로 닿아서 딱딱 하고 조그만 소리를 내고 있음을 알 수 있다. 이것은 서로 자기 죽도로 생명선을 지키려고 필사적인 노력을 하고 있는 모습이다. 외관상으로는 아무 행동도 취하지 않고 서로 노려보고만 있는 것 같지만 이미 생명선의 쟁탈전이 시작된 것이다.

　이 싸움에 이긴 죽도를 '살아 있는 죽도'라고 하고 진 죽도를 '죽은 죽도'라고 한다. '죽은 죽도'로 아무리 공격해봤자 상대를 맞힐 리가 없다. 격자의 기회로서는 지금 '자기 죽도가 살아 있다'고 직감하며 과감하게 뛰어들어가면 된다. 그렇지 않을 때는 거리를 두고 수비에 전념해야 한다.

◆ 한순간 머리치기가 성공한다.

죽도의 '생사(生死)'는 양자가 필사적으로 생명선의 쟁탈을 벌이고 있기 때문에 어지럽게 변한다. 지금 살아 있다고 생각했던 것이 다음 순간에는 이미 상대의 죽도에게 장소를 점령당해서 죽어 있다. 더구나 생명선은 눈에 보이지 않기 때문에 멍청하게 있으면 자기 죽도가 살아 있는지 죽어 있는지 알 수 없는 일이 있다.

젊은 사람들 중에는 자기 죽도가 죽어 있는데도 태연한 얼굴을 하고 있는 사람이 있다. 심한 경우에는 처음부터 끝까지 계속 죽어 있는 경우도 있다. 그런 사람은 죽은 죽도로 시합을 하고 있는 셈이기 때문에 이를테면 죽도를 들지 않고 시합을 하고 있다고 할 수 있다. 그래서는 한 번도 제대로 공격할 수 없을 것이다.

2. 상대보다 빨리 친다

중단의 자세로부터 상대를 향해서 공격해갈 때의 포인트에 대해서 설명하기로 한다.

그런데 여기서 다시 한 번 생각해야 하는 것은 검도는 1 대 1의 격투기(格鬪技)라는 것이다. 격투기에는 유도, 태권도, 씨름, 펜싱, 권투, 레슬링 등이 있지만 이것들의 공통된 특징은 자기 판단에 의해서 상대를 치고, 찌르고, 던지고, 차고, 팔을 비틀어 엎어누르는 것이다.

그 중에서 검도는 '치기'와 '찌르기'가 중심이 되는 격투기이다.

그렇지만 두 사람 다 마음대로 격자할 수 있기 때문에 자기가 치려고 할 때 상대도 치게 마련이다. 이렇게 되면 결국 빠른 쪽이 이긴다고 하는 매우 단순한 이론이 성립된다. '빠르다'는 것은 격투기에서 이기는 첫째 요인이 된다. 검도에서 '빠르다'는 것은 중단세로부터(혹은 상단세로부터) 죽도를 높이 쳐들어 상대의 머리(또는 손목이나 허리)를 치는 스피드를 말한다.

바꿔 말하자면, 중단세의 위치에 있었던 죽도로 재빨리 상대의 머리(또는 손목이나 허리)를 맞힐 때까지의 시간의 빠름을 말한다.

모든 기본기를 공격으로 직결시킨다 35

그럼 어떻게 하면 격자가 빨라질 수 있을까.

상대보다 빨리 치기 위해서 콕(꼭지)과 코스와 컨트롤이 필요하다. 그리고 이 세 가지 콕과 코스와 컨트롤은 검도뿐만 아니라 모든 스포츠의 기술 향상에도 꼭 필요한 항목이다.

콕(꼭지)이라는 것은 죽도를 쥔 손목을 어떤 순간에 구부리는 것으로 치기 직전에는 콕을 풀어서 편다.

야구에서 투수가 빠른 공을 던지기 위해 투구 동작 때 손목을 손등 쪽으로 구부렸다가 공이 손에서 떨어지는 순간 급속히 앞쪽 아래로 구부리는 동작을 한다. 이것을 '스냅을 준다'고 표현하는데 이것과 마찬가지로 죽도를 쥔 양쪽 손목을 자기 쪽으로 구부렸다가 치는 순간에 상대 쪽으로 펴는 것을 콕을 준다고 한다. 스냅과 다른 것은 구부리는 방향을 엄지손가락 쪽으로 구부렸다가 새끼손가락 쪽으로 펴는 것과 쥔 것을 던지지 않는 것이다. 투수의 투구만이 아니라 창던지기나 원반던지기에서도 손목을 살리는 것을 스냅을 잘 살린다고 표현하는 것이다.

여기서 자기의 격자에 대해서 한 번 더 상기하기 바란다. 당신은 죽도로 상대를 칠 경우 어깨와 팔꿈치의 관절에만 의지하고 있으며 손목 관절을 최대한으로 쓰는 것을 잊고 있지는 않은가.

어깨 관절은 죽도를 바로 위로 올리는 역할을 하고 다음에는 아래로 내리는 작용을 한다. 팔꿈치 관절은 어깨 관절로 올린 그 죽도를 더 뒤쪽 위로 밀어올리는 역할을 하고 그런 다음에는 급속히 앞쪽으로 밀어낸다.

그렇지만 이 어깨와 팔꿈치의 관절만으로는 죽도에 스피드가 붙지 않는다. 즉 손목의 콕 힘에 의지하지 않을 수가 없게 된다. 어깨와 팔꿈치와 손목의 관절이 각각 효과적으로 작용해야만 죽도를 보다 빨리 움직일 수 있게 되는 것이다.

그렇지만 여기서 꼭 생각해야 하는 것은 콕의 방향이다. 오른손의 콕 방향과 왼손의 콕 방향이 다르면 힘이 분산되고 만다. 또 만약 좌우의 콕 방향이 같다고 하더라도 그 방향이 잘못되어 있다면 아무 소용도 없다. 이것을 바르게 하기 위해서는 죽도를 쥐는 방법부터 체크할 필요가 있다.

우선 양손을 몸 앞에서 합친다. 그대로의 상태로 왼손을 조금 아래로

모든 기본기를 공격으로 직결시킨다 37

① ▶ 어깨에 힘을 빼고 편한 기분으로 자세를 취한다.
② 오른손으로 당기고 왼손으로 밀듯이 한다.
③ ▶ 죽도는 이 위치까지 치켜올린다.
④ 는 반대로 오른손으로 밀고 왼손으로 당기듯이 한다.
⑤ 오른손의 어깨 높이에 온다. 양손의 엄지가락은 안쪽으로 조르는 느낌으로 한다.

내린다. 좌우 손바닥은 마루에 수직으로 되어 있을 것이다. 그 손의 각도를 바꾸지 않도록 죽도를 쥐고 자세를 취한다.

그렇게 하면 좌우 엄지손가락과 집게손가락으로 만들어진 우묵한 곳은 양쪽 다 정확하게 몸의 중심선상에 있어 바른 방법으로 죽도를 쥘 수 있는 것이다. 그리고 이렇게 쥘 수 있으면 좌우 콕은 저절로 함께 몸의 중심선을 통과하여 바른 방향이 된다.

사람에 따라서 콕이 걸리지 않는 사람이나 콕이 얕은 사람이 있다. 콕이 걸리지 않는 경우는 콕 그 자체를 모르는 사람에게 많이 발생하며 콕이 얕은 사람은 죽도를 너무 세게 꽉 쥐고 있기 때문에 손목의 근육까지 경직시켜서 콕에 브레이크를 걸고 있는 경우가 생기는 것이다.

아무리 콕을 쥐어 죽도에 스피드를 붙여도 죽도가 나가는 방향에 낭비가 있어서는 아무 소용도 없다.

역전경주(驛傳競走)를 하는 선수가 달릴 때의 일을 머리에 떠올리기 바란다. 코너를 돌 때 일부러 크게 우회해서 달리는 사람은 없을 것이다. 코너에 닿을 듯 말 듯하게 커브를 그리고 달릴 것이다. 그렇다고 너무 갑자기 돌면 스피드가 떨어져버린다. 다시 말해서 선수들은 자기 스피드를 떨어뜨리지 않도록 주의하면서도 최단거리로 코너를 도는 요령을 알고 있는 것이다.

검도도 마찬가지이다. 호면(護面) 상부를 도로 모퉁이라고 생각한다. 중단세를 취했을 때의 죽도 위치로부터 지름길을 통과하도록 머리 위까지 죽도를 끌어올린다. 죽도의 코등이가 호면 상부를 닿을 듯 말 듯하게 통과해서 후두부(後頭部) 가까이까지 가면 그것을 앞으로 돌려, 호면쇠 상부 부근에서 일직선이 되게 앞으로 뻗는다.

이 코스가 머리를 치는 최단 코스이다. 이것으로부터 옆으로 삐져나오거나 옆으로 흔들리거나 하면 그만큼 죽도 끝이 상대의 머리에 도달하는 시간이 늦어지게 된다.

검도는 1초의 몇 분의 1이라는 속도로 승패가 결정나는 일이 많기 때문에 설사 1cm나 2cm라도 우회하면 그만큼 불리해지는 것은 당연하다. 어떤 상황하에서도 죽도가 최단 코스로 나갈 수 있게 되기 위해서는 무엇보다도 평소에 충분히 연습을 해두는 것이 중요하다는 것은 두말할 것도 없다.

그러나 아무리 빨라도 컨트롤이 나쁘면 아무 소용 없다.

야구를 예로 들면 어떤 투수가 시속 145km의 볼을 던진다고 하자. 만약 이 투수가 컨트롤도 좋고 포수가 사인한 코스대로 조금도 틀리지 않게 던진다면 아마 안타를 얻어맞는 일은 없을 것이다. 그러나 컨트롤(제구력)이 약해 코너를 노렸다고 생각한 볼이 한복판으로 가버린다면 안타를 얻어맞는다. 스트라이크를 던지지 못하고 볼만 던지게 된다면 안타를 맞는 것보다 더 나쁜 결과가 될 것이다.

검도에서도 마찬가지이다. 상대는 맞지 않으려고 크게 움직일 것이므로 그것을 노려서 죽도를 뻗는데 만약 컨트롤이 없다면 죽도가 어디로 갈지 알 수 없을 것이다. 헛치거나 호구 이외의 부분을 치거나 할 것이다. 다시 말해서 검도에서도 격자의 컨트롤이 매우 중요하다.

그럼 컨트롤이 나쁜 사람은 어디에 결점이 있는 것일까?

우선 첫째로 생각할 수 있는 것은 하체가 안정되어 있지 않는 경우이다. 기초가 흔들리면 집이 안정되지 않는 것과 마찬가지로 사람도 하체의 안정이 없으면 아무리 기술을 보이려고 해도 잘 되지 않는다.

하체를 안정시키기 위해서는 역시 체력 단력이 제일이다. 달리기, 줄넘기, 유연체조 등을 중심으로 한 트레이닝이 필요하다. 도장에서 연습하고 있는 것만으로는 한계가 있다. 기초체력을 증강시키지 않으면 기술의 벽을 깨뜨릴 수 없다.

다음으로 생각할 수 있는 것은 좌우 손의 균형이 나쁘다는 것이다. 특히 오른손에 힘이 너무 들어가는 것은 좋지 않다. 물론 컨트롤도 되지 않을 것이다. 왼손이 동력(動力)이고 오른손이 키(舵)라는 생각을 갖는 것도 한 가지 방법이다. 또는 키 대신 자동차의 핸들이라고 생각해도 좋다. 핸들을 잡는 손에 필요 이상의 힘을 주면 능숙하게 운전할 수 없을 것이다. 오히려 손을 가볍게 핸들에 걸치는 듯한 느낌을 가져야 순조롭게 조작할 수 있다. 검도에서도 오른손을 가볍게 쥐고 죽도의 방향을 리드하는 것만으로 그쳐야 한다. 오른손에 힘을 너무 주는 것은 컨트롤을 어지럽히

모든 기본기를 공격으로 직결시킨다 41

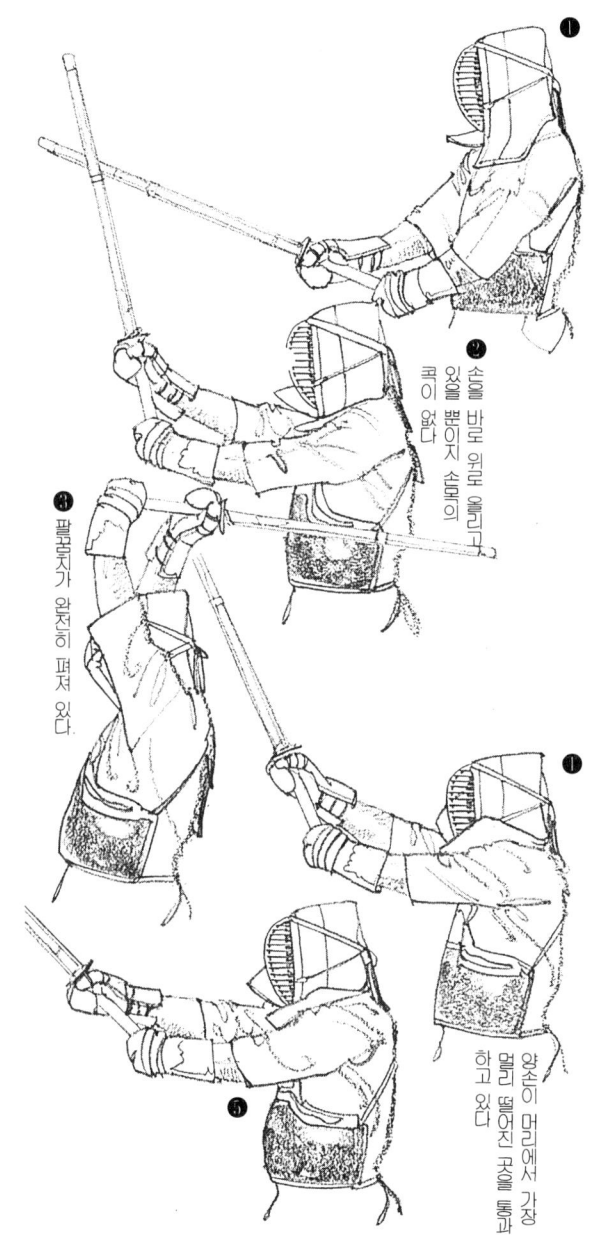

◆ 하반신의 안정이 격자에 컨트롤을 주는데 결정적인 요인이 된다.

는 큰 원인 중의 하나가 된다.

　더욱 중요한 것은 상대의 움직임을 잘 보아야 한다. 장님은 절대로 검도를 할 수 없다. 그러나 유단자가 되어도 치기 작전에 순간적으로 눈을 감는다든가, 상대로부터 눈을 떼는 경우가 있는 데에는 놀라지 않을 수 없다.

　권투에서도 치는 순간 눈을 감는다든가 상대를 보지도 않고 마구 주먹을 휘두르는 사람이 있는데 이런 사람은 대성(大成)할 수 없다. 눈이 밝아야 한다는 말이 자주 쓰이는 것도 이 때문이다. 하긴 야구에서나 골프에서도 공을 치는 순간 공에서 눈을 떼고 턱을 올리고 마는 선수가 있는데 검도에서도 그런 사람이 있다.

　자기의 죽도 끝을 쭉 뻗어서 상대의 머리를 공격하는 장면을 마음속에 그려보기 바란다. 그 느낌을 상상하면서 연습을 쌓아야 한다.

　그러면 어느 날 스피드가 넘치는 자기의 격자에 놀랄 것이다.

3. 기색을 보이지 않고 자기 몸을 희생한다

검도에서는 '상대보다 빨리 친다'는 것, 소위 격자의 스피드업을 꾀하는 것은 매우 중요한 일이다. 그렇지만 반드시 스피드가 전부는 아니다. 상대보다 빠르다고 반드시 이긴다고 할 수 없다.

육상경기나 수영경기에서는 일제히 스타트하면 그 다음은 힘의 배분을 생각하고 어떻게 하면 스피드를 그대로 유지하면서 결승점에 도달하느냐 하는 생각에 집중해야 한다.

물론 검도에서도 격자에 스피드가 붙는 것이 매우 유리한 조건이 되는 것에는 변함이 없다. 그렇다고 해서 단순히 스피드만을 다투는 경기는 아니며 유효 격자를 다투는 경기이다. 여러 가지 복잡한 요소가 격자의 스피드에 얽혀 있다. 그 여러 가지 요소 중에서 자주 말하는 '기색'과 '자기

◆ 몸 전체의 미묘한 움직임이 그 격자를 예고한다.

몸을 희생하는 것'에 대해서 알아보기로 한다.

칠 때는 기색을 보이면 안 된다. 아무리 빠른 속도로 상대의 머리를 향해 죽도가 날아갔다 하더라도 상대의 죽도가 예견하고 있다가 머리를 수비하고 있다면 유효 격자가 되지 않는다. 다시 말해서 이쪽의 공격이 실패했다는 뜻이다.

그렇지만 여기서 잘 생각해보면 머리치기를 막은 상대도 항상 머리를 막는 위치로만 있을 수는 없다. 죽도는 공격에도 사용해야 한다. 또 머리만이 아니라 손목과 허리 찌르기에도 대비할 필요가 있다.

그럼 그렇게 여러 가지 역할을 맡고 있는 죽도가 이쪽에서 머리를 치는 순간 어떻게 해서 머리를 막는 위치로 와 있는 것일까.

이유는 간단하다. 머리를 치고 들어갈 때, 마치 이제부터 머리를 공격하러 가겠다는 예고를 상대에게 하고 있기 때문이다. 그 기색 때문에 상대는 급히 죽도를 머리 위치로 올리게 되는 것이다.

그런 어리석은 이야기가 어디 있느냐고 생각할지도 모른다. "이제부터 네 머리를 치겠다."고 예고한 다음에 치고 들어가는 바보 같은 짓을 할 리가 없다고 누구나 단언할 것이다. 그렇지만 실제로 그런 예고를 하고 있다. 물론 말로 하지는 않지만 몸 전체의 미묘한 움직임 속에서 자기도 모르는 사이에 그렇게 하는 사람이 매우 많다.

판토마임이라는 무대예술이 있다. 무언(無言)이지만 배우는 그 동작으로 모든 인간의 심리를 표현한다.

검도에서도 공격하기 직전에 판토마임처럼 상대에게 자기가 뜻하는 바를 알리고 있는 사람이 매우 많다. 시합을 하고 있는 동안에 판토마임은 절대 금지이다. 만약 당신이 판토마임을 잘하는 사람이라면 당신의 마음 상태가 상대에게 전부 누설되어 있을 것이다.

검도에서는 쳐들어가기 직전의 이 판토마임을 '기색'이라고 말한다. 치기 직전에 '기색'을 보이는 사람의 공격은 막기 쉬우나 '기색'이 없는 사람의 공격은 막기 어렵다.

자기의 어떤 동작이 '기색'인지 잘 연구해보아야 한다. 고속도 사진으로 분해해보면 금방 알 수 있을 것이다. 그렇지만 이 '기색'을 전혀 보이지 않

◆ 머리치기는 상대의 죽도가 방어하기 때문에 닿지 않는다.

고 친다는 것은 매우 어려운 일이며 괴로운 일이다. 그러나 그런 만큼 '기색'을 보이지 않고 치면 효과는 아주 커진다.

흔히 야구나 골프에서 공을 칠 때 중요한 것은 마음껏 휘두르는 것이라고 한다. 배트나 골프채로 그저 단순히 맞추는 것만으로는 힘차고 효과있는 비구(飛球)가 되지 않는다. 야구에서는 히트나 장타(長打), 골프에서는 똑바로 멀리 날아가야 한다. 이런 타구를 치기 위해서는 휘두를 때 처음부터 끝까지 배트나 골프채의 궤적(軌跡)을 예리하고도 안정되어 있는 것으로 만들어야 한다. 권투에서도 밀어치지 말고 끊어치라고 한다. 그래야만 상대방에게 손해를 줄 수 있기 때문이다. 특히 휘두를 때의 종결부를 중시해야 한다.

검도에서도 마찬가지이다. 다만 검도에서는 흰 물체가 날아가지 않기 때문에 야구나 골프처럼 친 다음에 죽도를 마음껏 휘두를 수 없다. 그렇

◆ '버리고' 친 머리치기가 성공한다(오른쪽).

지만 기분은 죽도를 맞히는 것이 아니라 싹둑 자른다는 느낌을 가져야 한다. 도망치려는 자세처럼 엉거주춤한 격자로는 이런 느낌이 생기지 않는다.

이 격자가 성공하지 못하면 어떻게 될까 하는 것 따위는 일절 생각하지 않는다. 이것을 검도에서는 '버리고 친다'라고 말한다.

'버린다'는 것은 몸을 버리는 것, 즉 자기 몸을 희생하는 것을 말한다. 의식적이든 무의식적이든 순간 동안 여러 가지 일을 생각한다. 검도에서 말하자면 상대를 향해 뛰어들어가 치는 순간에도 여러 가지 생각을 하는 법이다.

으레 머리 속을 독점하는 경우는 공격이 성공했을 때의 일보다도 실패했을 때이다. 실패했을 때의 경우를 몇 번이나 생각하는 것이다. 짧은 시간에 계속 실패했을 때의 장면을 생각한다면 결과적으로 그것이 결심을 무디게 하고 스피드도 떨어져 시원시원한 공격을 못하게 만들고 만다.

그렇기 때문에 신속한 죽도 솜씨나 예리한 몸의 운용(運用)을 꾀할 때는 오히려 상대에게 자기 자신을 맡긴다는 기분으로 뛰어들어간다. 마치 "이제부터 뛰어들어갈 테니까 그 다음은 알아서 해다오."라는 기분으로 공격하는 것이 중요하다.

옛날 사람들은 "목숨을 버릴 각오라야 비로소 일을 성취시킬 수 있다."고 말했다. 죽을 각오로 하면 살 수 있고 살려고 하면 오히려 죽는다는 말과도 일맥상통하는 데가 있다. 본래의 의미는 무심(無心 : 아무 생각이 없음)의 상태로 되어서 뛰어든다는 것이다. 그것이 이상적이기는 하지만 사람은 '무심이 되라' '아무것도 생각하지 말라'고 하면 오히려 여러 가지 일을 생각하게 마련이다.

◆ 서로 몸을 버리고 시합하고 있는 두 선수

4. 실전에서 한 판이 되는 머리치기를 한다

검도에서는 머리를 치는 것이 무엇보다도 중요하다. 머리를 정확하게 칠 수 있게 되면 손목과 허리도 칠 수 있게 되기 때문이다.

따라서 기본 연습에서 머리치기에 매우 많은 시간을 할애하고 있는 것이 현재의 검도 연습법이다. 그런데 머리치기의 연습은 다른 사람들과 마찬가지로 충분히 한다고 하는데도 실전에서는 도무지 머리를 치지 못하는 사람이 있다. 아니 대부분의 사람들이 잘 치지 못할 것이다.

그렇지만 이것은 매우 당연한 일이다. 연습에서는 치기 쉽도록 상대가 머리를 내밀어주지만 실전에서는 맞지 않으려고 상대가 필사적인 노력을 하기 때문이다. 야구의 타격 연습에서는 투수가 치기 쉬운 볼을 던져주기

모든 기본기를 공격으로 직결시킨다 49

◆ 날카롭게 발을 내딛어도 너무 먼 데서부터의 머리치기는 닿지 않는다.

때문에 잘 칠 수 있지만 실전에서는 상대 팀의 투수가 이 공이라면 절대로 맞지 않는다는 자신만만한 공을 던져오기 때문에 쉽게 칠 수 없는 것과 같다.

  그럼 실전에서 맞지 않으려는 상대의 머리를 치는 것——바꿔 말하자면 실전에서 한 판이 되는 머리치기를 하기 위해서는 어떻게 하면 좋을까?

  우선 상대와 자기 사이의 거리를 감각적으로 정확하게 익히는 것이 필요하다.

  육상경기 종목에 '멀리뛰기'라는 것이 있다. 이 경기는 선수가 수십 미터를 도움닫기해와서 구름판에서 힘차게 뛰어올라 나간 거리를 겨루는 것인데, 그때 경기자가 가장 신경을 쓰는 것은 어디서 힘차게 뛰어오르느냐 하는 것이다. 이상적으로는 구름판에서 힘차게 뛰어오르는 것이 좋지만 너무 욕심을 부리면 구름판을 밟아서 반칙이 되고 만다. 그렇다고 해서 파울이 무서워 훨씬 앞쪽에서 뛰어올라 나간 거리는 얼마 되지 않아 승부가 되지 않는다. 결국 도움닫기의 마지막 단계에서 순간적으로 어디서 힘차게 뛰어오르면 좋은가를 결정하게 되며 그 순간적인 감각이 승패의 갈림길이 된다.

머리를 칠 때 여러 가지 장애가 있지만 최대의 난관은 거리 측정에 있다. 자기의 오른쪽 발이 얼마만큼 앞으로 내딛을 수 있느냐 하는 것에 팔길이, 소위 리치를 염두에 넣어두어야 한다. 그것은 일일이 줄자로 잴 수는 없기 때문에 감각으로 그 거리를 정확하게 아는 능력이 필요하다.

그 능력이 나쁘면 너무 먼 데서 머리를 공격하다가 오히려 상대에게 반격당한다. 또 적정 거리 이상으로 상대에게 다가갔다가는 상대가 먼저 머리를 치게 되는 수도 있다.

머리를 칠 때의 적정 거리는 매우 정밀해서 1cm가 멀거나 가까워도 안 된다. 상대와 죽도를 교차하고 서로 전후좌우로 심하게 움직이다가 순식간에 이 적절한 거리를 감지하는 능력을 양성하는 것이 중요하다.

머리를 내리치는데 가장 적당한 거리를 감지하면 지체없이 뛰어들어가는 용기와 결단력을 양성해야 한다.

멀리뛰기에서는 도움닫기를 시작하면 도중에서 그만둘 수 없지만 검도에서는 반드시 뛰어들어갈 필요가 없다. 극단적으로 말하자면 기분이 내키지 않으면 치지 않아도 좋지만 그렇게 하면 승리의 기회가 멀어진다.

지금이 가장 적합하다는 때가 바로 공격의 기회이기 때문에 과감하게 쳐들어가야 한다. 기회는 그리 자주 있는 것이 아니기 때문에 '이때다!' 하고 생각하면 그 순간을 놓치지 말고 승부를 걸어야 한다.

'칠까, 치지 말까……' 하고 일순간이라도 망설이면 적정한 거리가 어긋나버려서 기회를 잃게 된다. 결국 한순간에 감지하고 결단하고 실행하는 것이 중요하다.

바꿔 말한다면 '이때다!' 하고 생각했을 때 벌써 머리를 치고 있지 않으면 안 된다. 그렇지만 용기가 없는 사람은 결단을 좀처럼 내리지 못해 모처럼의 기회를 잡았으면서도 놓치고 마는 수가 많다.

그러나 기회는 이쪽에만 있는 것이 아니라, 이쪽과 저쪽 사이를 왔다갔다하고 있다. 모처럼 이쪽으로 와준 기회를 허술하게 다뤄 놓치면 기회는 저쪽으로 가버린다. 그렇게 되면 이기는 것은 불가능해질 것이다. 상대의

모든 기본기를 공격으로 직결시킨다 51

방어선을 흔들어놓고 머리를 친다.

 배구 시합을 보고 있으면, 세트의 기량이 그 팀의 득점에 큰 영향을 미치고 있음을 알 수 있다. 물론 공격수에게 토스를 정확하게 올려주는 것이 세터로서의 임무이지만 요즘은 어느 팀이나 선수의 신장이 커졌으므로 그만큼 가로막기의 방어력도 매우 강해진다. 자기 팀의 스파이커가 아무리 강한 볼로 공격해도 그 전에 상대 팀의 전위진(前衛陣)이 나란히 서서 철벽 같은 블로킹을 하면 강하게 친 볼은 아군 코트에 떨어져버린다. 블로킹이 철벽 같은 경우 강하게 치면 칠수록 강하게 되튕겨 마치 공격당하고 있는 것처럼 되어버리는 것이다.

 여기서 생각해낸 전술이 몇 가지 있다. 기본적으로는 상대의 블로킹을 피해서 내리치면 되고 그 일을 하는 중심인물이 세터이다. 예를 들면 왼쪽에서 치게 하는 것처럼 보이다가 백 토스에 의해 오른쪽에서 치게 한다

찌르러 가는 것처럼 보이며 상대가 몸을 뒤로 젖혔을 때 머리를 향해 죽도를 내리친다.

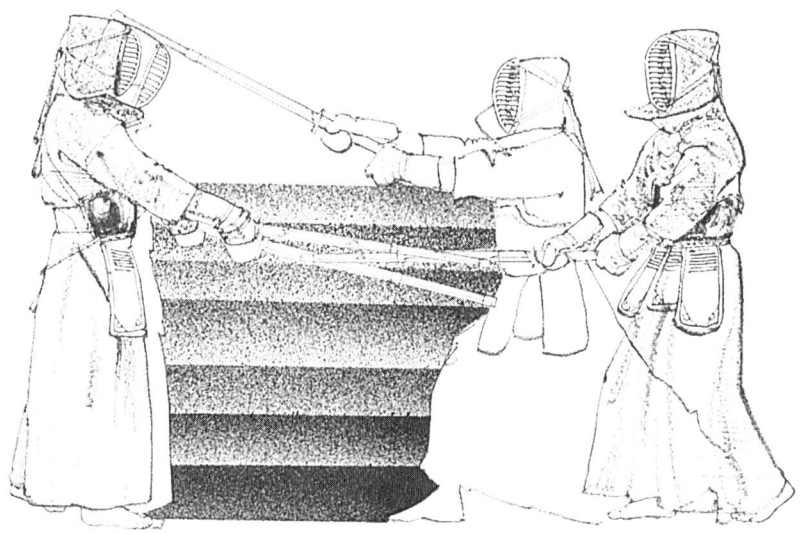

죽도를 내려서 상대의 손목을 노리는 척하다가 머리치기로 나간다.

모든 기본기를 공격으로 직결시킨다 53

머리치기   머리치기

든가, 센터 플레이어에게 토스하는 것처럼 제스처를 써서 상대 블로커를 센터로 끌어들이고 그때를 놓치지 않고 왼쪽으로 빠른 토스를 보내 치게 한다든가 후위에게 토스하여 백 어택을 시키는 등, 몇 가지 공격법을 평소에 연습해두었다가 시합에서 응용한다.

  배구에서는 이 테크닉을 '블로킹을 흔든다'고 한다. 이것은 배구뿐만 아니라 축구나 럭비, 농구 등에서도 자주 쓰이는 말이다.

  이 '흔드는' 움직임을 검도에 응용하는 것이다. 물론 옛날부터 이 전법이 사용되어왔지만 검도 용어에 '흔든다'는 말은 없었다. 말은 없고 기술만이 있었던 것이다.

  배구에서는 상대의 방어는 블로킹이었지만, 검도에서는 상대의 방어는 죽도이다. 상대의 죽도를 '흔든다'고 말하면 의미가 혼동되기 때문에 '방어를 흔든다'는 표현을 쓴 것이다.

  이 정도만 말하면 벌써 알 수 있을 것이다. 요점은 머리를 칠 때 상대가 죽도로 머리를 블로킹하면 그 공격은 실패한 것이기 때문에 상대의 죽도를 머리 이외의 부분으로 가지고 가도록 다시 전법을 세운다. 그 다음의 테크닉은 배구에서 센터의 토스 워크와 같다. 왼쪽으로 치는 것처럼 하다가 오른쪽으로 내리친다든가, 센터에서 치는 것처럼 보이다가 왼쪽에서 치면 된다. 배구와 다른 점은 센터의 역할과 스파이커의 역할을 검도에서는 혼자서 하기 때문에 1인 2역을 해야 한다는 것이다. 고도의 기술이 요구되지만 그런 만큼 이 기술을 마스터하면 성공률이 높아진다.

몇 가지 예를 들어보자.
◆ 양손 찌르기를 하는 것처럼 보이다가 머리를 친다.
찌르기의 위력이 크기 때문에 상대는 죽도를 누르고 찌르기에 대비한다. 그때를 놓치지 않고 재빨리 머리로 공격을 바꾼다.
◆ 손목을 노리고 죽도를 내려 하단세에 가까운 자세를 취한다. 상대가 속아서 죽도를 내려 손목을 지키는 순간, 장신을 이용해서 머리를 친다.
말로 하면 간단하기 때문에 누구든지 할 수 있을 것 같지만 실전이 되면 좀처럼 그렇게 되지는 않는다. 상대가 흔들리지 않으면 어떻게 할 수도 없는 것이다. 그렇지만 그런 상대를 흔드는 것이 실력자의 진짜 실력이다. 배구에서도 상대 팀의 세터가 명세터라는 말을 들을 정도라면 블로커들은 '흔들려서는 안 된다'고 생각하면서도 자기도 모르는 사이에 흔들리고 만다.
검도에서도 마찬가지이다. 찌르기나 손목치기를 장기로 하는 선수와 대전했을 때 상대 선수의 찌르기와 손목치기에 현혹되어서는 안 된다고 경계하겠지만 어느 틈엔가 그 계략에 빠져든다. 상대를 흔드는 기술을 한 가지라도 몸에 익히면 훨씬 강해지는 법이다.

5. 효과적인 손목 치기

실전에서는 단순히 손목을 겨냥하고 뛰어들어가는 경우는 거의 없다. 왜냐하면 그렇게 단순한 공격으로는 효과가 없기 때문이다. 효과가 없다는 것은 실패했다는 것으로 이어져 상대의 반격을 유발시키게 될지도 모른다. 실전에서는 도저히 그런 위험한 행동을 할 수 없을 것이다.
원래 손목을 공격하는 것은 여러 가지 위험을 내포하고 있다. 다시 말해서 손목을 공격하기 위해서는 자기 몸을 낮추지 않으면 안 된다. 전투에서도 산의 중간이나 정상에 진을 치고 있는 적군을 향해 기슭에서부터 공격하는 것이 불리하다. 그렇기 때문에 전장이 기복이 심한 곳이라면 우선 높은 곳에서 포진하는 것이 전술의 이론이 된다.
검도 시합은 물론 평탄한 코트에서 하지만 만약 코트가 기울어져 있다

모든 기본기를 공격으로 직결시킨다 55

◆ 격렬한 손목치기의 응수

고 한다면 당신은 어느 쪽을 택하겠는가. 누구나 높은 쪽에 서서 자세를 취하려고 할 것이다. 위에서 상대를 내려다보는 편이 유리하기 때문이다.

비탈길을 내려가는 스피드에 밑에서 올려다보면서 공격을 거는 스피드가 당할 리가 없는 것이다.

이 이론으로 말한다면 자세를 낮추어서 손목이나 허리를 공격했다가 그것이 성공하지 않았을 경우를 생각하면 얼마나 불리한 태세가 되느냐는 금방 깨달을 수 있을 것이다. 그렇게 되면 공격할 때는 전력을 다해서 머리를 공격하는 것이 어쨌든 정통적인 방법이라고 할 수 있다.

그렇지만 검도에서 격자해도 좋은 곳은 머리, 손목, 허리, 찌르기의 네 곳밖에 없기 때문에 상대가 머리만을 방어하고 있을 경우는 손목이나 허리, 경우에 따라서는 찌르기를 공격할 수 있다. 실패하면 불리하게 되는

◆ '호랑이 굴에 들어가야 호랑이를 잡는다'는 기백으로 과감하게 뛰어들어가서 손목을 친다.

위험을 알면서 공격하는 것이다. 여기에 손목치기의 큰 특징이 있기 때문에 이것을 깊이 인식하는 것이 선결 문제라고 할 수 있다.

손목치기는 손 끝으로 치면 안 된다. 손목을 치는 것이기 때문에 손 끝으로 쳐도 좋을 것 같지만 사실은 이것이 가장 좋지 않다. 가장 실패율이 높은(위험률이 높은) 격자법이다.

그럼 어떻게 치면 좋을까? 역설적인 표현이 되지만 좋은 격자법이란 '성의가 없는 손 끝만의 격자법'이 아닌 격자법이다. 구체적으로 말하면 우선 '손 끝'으로 친다는 것은 발을 그다지 내딛지 않고 손만 조금 내서 친다는 것이다. 좋은 격자법은 그런 것이 아니라 발을 충분히 내딛고 전신으로 치는 것을 의미한다.

또 '성의가 없는 격자법'은 '정성을 다하지 않은 격자법'이라는 뜻이기

모든 기본기를 공격으로 직결시킨다 57

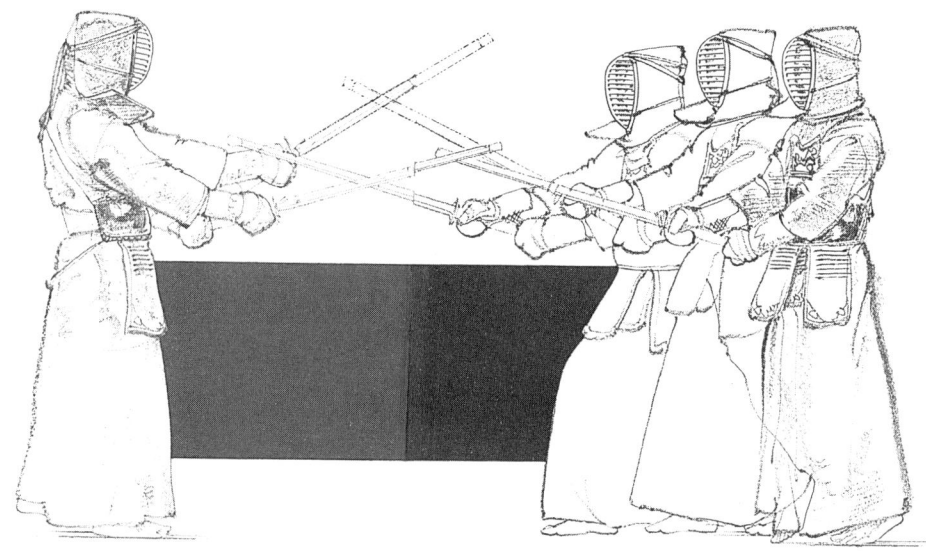

◆ 중단으로부터 머리를 공격하고 상대가 머리를 방어하려고 죽도(손)를 올렸을 때 틈이 생긴다. 그때를 놓치지 않고 손목을 내리친다.

때문에 칠 때는 정성껏 쳐야 한다. 결국 손을 칠 때는 발을 곧게 앞으로 내딛고 온몸을 사용해 정신을 집중해서 치는 것이 중요하다.

그럼 왜 손 끝으로 치게 되는 것일까? 그것에는 여러 가지 이유가 있다.

첫째는 치는 목표가 되는 손목의 위치가 다른 격자 부위보다 앞으로 나와 있기 때문에 가까이 있는 것처럼 보인다. 그 때문에 머리를 칠 때처럼 발을 내딛지 않더라도 손만 조금 뻗으면 닿을 것 같은 착각에 사로잡히기 쉽다.

둘째는 손목치기가 실패하면 반대로 머리를 반격당할 것 같은 불안이 생기기 때문이다. 즉 너무 깊이 내딛으면 위험하다는 기분이 들어서 반쯤 엉거주춤한 자세(도망치려는 자세)로 되고 말기 때문이다.

확실히 손목의 위치는 머리나 허리의 위치보다도 가까운 데에 있다. 그렇다고 해서 치기 쉽다고는 할 수 없다. 머리나 허리보다도 어떤 의미에서는 치기 어려운 목표가 된다. 머리나 허리는 그렇게 빨리 움직이지는 않지만 손목은 움직임이 빠르고 격자 부위도 머리나 허리에 비하면 매우 좁다. 가까운 곳에 있기 때문에 언뜻 보기에 치기 쉬운 것처럼 보이지만 사실은 치기 어려운 목표가 손목이라는 것을 충분히 이해해야 한다.

안이한 생각으로, 더구나 반쯤 엉거주춤한 자세의 손 끝만으로는 칠 수 없다. 막상 치려고 할 때는 과감하게 발을 내딛고 날카롭게 죽도를 휘두르지 않으면 목적을 달성할 수 없게 된다.

머리 공격이 강력하지 않으면 손목치기는 성공하지 못한다. 이 원칙은 모든 공격이 적용되는 것으로 특히 손목을 칠 때의 포인트가 된다. 머리 공격이 강력하면 할수록 상대는 머리를 방어하는 데에 전념한다.

머리의 수비 체형에는 여러 가지 방법이 있지만 가장 많은 것은 내리치는 상대의 죽도를 자기 죽도로 받는 방법이다. 이때 죽도 끝은 올라가고 손도 들뜬다. 다시 말해서 그때까지는 죽도의 등에 가려져 있던 조그만 목표(손목의 격자 부위)가 크게 클로즈업 되어서 치기 쉽게 되는 것이다.

이처럼 손목을 치기 위해서는 상대의 죽도 끝을 올라가게 하든가 또는 죽도를 세우면 되며 반대로 죽도 끝이 낮고 중심선에 있을 때는 쳐도 헛수고가 된다. 요는 머리를 공격함으로써 상대의 죽도 위치를 바꾸게 하여 손목을 치기 쉽도록 만들면 되는 것이다. 상대는 분명히 죽도를 방어하는 위치로 이동시키고 이쪽에서 손목치기가 쉬워지게 된다.

또 머리를 치는 동작으로 손목을 친다. 야구에서 투수가 투구할 경우, 직구를 던지는 폼과 커브를 던지는 폼이 다르다면 타자는 투수가 어떤 구질의 공을 던지는가를 알 수 있기 때문에 그만큼 치기 쉬워진다.

그러나 직구를 던지는 폼으로부터 커브를 던지면 매우 치기 어려운 공이 되고 만다. 포크 볼을 예로 들어보면, 폼이나 스피드도 직구와 같은 정도인데 홈베이스 위까지 쭉 뻗어와서 거기서부터 뚝 떨어지는 것이 이상적이라고 한다. 그렇지만 투수의 손에서 볼이 떨어진 순간에 커브냐 포크냐 하는 것을 타자가 간파하게 되면 위력이 없어지게 된다. 간단히 안타를 허용하게 된다.

손목을 칠 경우도 이것과 같은 말을 할 수 있다. 머리를 치는 동작과 손목을 치는 동작이 분명히 다를 경우, 상대는 방어하기 쉽다. 반대로 구

모든 기본기를 공격으로 직결시킨다 59

◆ 같은 폼에서 직구와 커브, 포크 볼 등을 가려서 던진다.

◆ 머리를 공격할 때와 같은 폼으로 손목을 친다.

별하기 어려운 동작이라면 방어하기 어렵게 된다. 물론 격자 부위가 다르기 때문에 동작의 시작부터 끝까지 완전히 같은 동작이라고 할 수는 없지만 동작이 바뀌는 시점을 될 수 있는 대로 뒤로 가지고 오도록 연구해야 한다.

6. 뛰어들면서 허리를 친다

여기서 말하는 허리치기란 '뛰어들면서 허리치기'를 의미한다. 다시 말해서 서로 중단세를 취하고 있다가 틈이 생겼다고 보면 허리를 향해 뛰어들어가는 기술이다. 그렇지만 이 과감한 기술은 실전에서는 좀처럼 한 판으로 성공하지 못한다. '뛰어들면서 허리치기'는 매우 어렵다는 것을 우선 염두에 두어야 한다.

◆ 뛰어들면서 친 허리치기가 성공한다.

앞에서 손목을 공격할 때는 자세가 낮아지기 때문에 공격이 성공하지 못했을 경우에는 매우 위험하다고 말했다. 마찬가지로 허리치기도 실패하면 큰 위험이 기다리고 있다. 오히려 손목치기 이상으로 더 위험하다고 할 수 있다.

손목치기가 성공하지 못할 경우에는 잇따라 머리를 혹은 허리로 2단 치기로 변화해서 공격을 속행할 수가 있다. 물론 상대의 공격을 피하는 수단이 되기도 한다.

그렇지만 허리치기에는 그것이 없다. 허리치기는 성공하지 못할 경우, 즉각 머리치기나 손목치기로 변화할 수가 없다. 기술의 흐름이 위에서 아래로, 다시 아래에서 위로 역류(逆流)하는 셈이 되어 매우 변화하기 어렵다고 할 수 있다.

모든 기본기를 공격으로 직결시킨다 61

◆ 기백이 부족한 허리치기는 간단히 방어당한다.

더구나 한 가지 더 노리기 어려운 것은 상대의 허리가 처음부터 노출이 되어 있지 않다는 것이다. 머리나 손목은 보통으로 자세를 취한 상태에서 이미 노출되어 있다. 그리고 상대의 공격을 당했을 때는 다른 위치에 있는 죽도를 머리나 손목을 감싸도록 가지고 와서 막지 않으면 안된다. 그 동작은 순간적인 것이긴 하지만 시간이 걸리는 것임에는 틀림없다.

그렇지만 이 허리치기에 대해서 상대는 그때마다 죽도를 이동할 필요가 없다. 허리 위로는 처음부터 좌우 팔이 가린 상태로 시작하기 때문에 상대가 공격해오더라도 처음 자세 그대로 있어도 되는 것이다. 그런 대로 뛰어들어가서 치는 것이기 때문에 '뛰어들면서 치는 허리'의 성공률은 매우 낮게 된다.

뛰어들면서 허리치기는 기백으로 친다. 검도에서는 어떤 경우라도 적을 제압하는 기백이 필요한 것은 당연한 일이지만 특히 허리로 치고 들어갈 때는 그 기백이 중요하다.

그러기 위해서는 제스처도 약간 과장되게 하는 편이 좋다. 다시 말해서 상대의 기분을 어지럽혀 들뜨게 하고 관심을 위쪽으로 가지고 가도록 유도하지 않으면 허리에 틈을 찾아낼 수가 없다. 상대가 태연하고 차분하게 지키고 있다면 영원히 허리를 공격할 수가 없으며 실마리조차도 잡지 못하게 된다.

요컨대 '머리를 공격하겠다! 머리를 치겠다!'라는 기세를 분명하게 상대에게 전하고 큰 제스처로 죽도를 높이 쳐들어 머리를 치는 동작을 보이다가 눈깜짝 할 사이에 허리로 뛰어들어가는 것이다. 완전히 상대의 허(虛)를 찌른 형태로 가지고 가면 선공은 틀림없다.

그런데 그 '뛰어들면서 허리치기'가 성공하면 더할 나위가 없지만 실전이 되면 성공률은 매우 낮아 5~6% 정도가 될 것이다.

그렇다면 어째서 성공률이 그렇게 낮으며 위험이 많은 공격을 하지 않으면 안 되는 것일까? 그것은 검도의 격자 부위가 머리, 손목, 허리, 찌르기의 4개로 한정되어 있으며 그런 가운데 공격에 다채로움을 갖아야 하기 때문이다.

야구에서도 투수가 직구만 던지면 아무리 강속구 투수라도 얻어맞고 만

모든 기본기를 공격으로 직결시킨다 63

◆ 허리치기는 강력하게 부딪칠 각오로 과감하게 뛰어든다.

다. 직구 정도의 위력은 없더라도 커브나 쇼트를 직구와 섞어서 던짐으로써 직구가 더욱 살게 된다. 또 능숙한 투수는 커브나 쇼트를 던질 때는 미리 코스를 생각해서 얻어맞더라도 장타나 안타가 되지 않는 곳으로 던진다. 위험을 피하기 위해 만전의 배려를 하고 있는 것이다.

그럼 허리치기의 위험을 피하는 방법은 무엇일까? 그것은 몸으로 힘껏 부딪치는 것이다. 앞에서 말한 것처럼 손목치기에는 2단치기라는 공격을 살리는 수단이 있는데 그것이 동시에 위험을 방지하는 방법이기도 하지만, 허리치기에는 허리로부터 다른 곳으로 바꾸는 공격 수단이 없다. 그렇다고 한다면 허리치기를 상대가 막은 순간 자기의 안전을 확보하는 방법은 오직 한 가지밖에 없다. 몸을 상대에게 부딪치는 것이다. 몸으로 힘껏 부딪침으로써 상대의 반격을 막는 것이다.

잘 들어맞으면 그 충격으로 상대 몸의 균형이 깨지는 동시에 자세도 흐

모든 기본기를 공격으로 직결시킨다 65

◆ 죽도를 치켜올리고 손목을 뒤집어서 허리를 친다.

트러져 제2, 제3의 공격이 가능해질지도 모르며 적어도 반격만은 당하지 않아도 될 것이다. 그런 의미에서는 몸으로 힘껏 부딪치는 것은 용감하고 과감하게 하는 것이 중요하다.

허리치기가 머리치기나 손목치기와 다른 점은 죽도를 옆으로 휘두르지 않으면 안 된다는 것이다. 머리치기나 손목치기는 세로로 죽도를 휘두르기 때문에 중단세로 든 죽도를 그대로 아래 위로 움직이면 된다. 그렇지만 허리를 칠 때는 그렇게 간단하지 않다. 치켜올린 죽도는 내리치는 도중에서 반원을 그리듯이 바뀌고 최종적으로는 옆으로 휘두르게 된다. 다시 말해서 머리치기나 손목치기는 수직운동이고 허리치기는 수평운동인 것이다.

따라서 친 시점에서는 당연히 머리치기나 손목치기와 같은 방법으로 죽도를 쥐고 있을 수가 없게 된다. 즉 오른쪽 손등이 바로 위를 향하고 왼쪽 손등이 바로 아래를 향하고 있는 방법으로 죽도를 쥐어야 한다. 검도용어로 말하자면 '손을 뒤집어서' 치는 것이다.

검도에서 사용하는 죽도는 본래 칼의 대용이기 때문에 그런 의식으로 죽도를 조작하지 않으면 안 된다. 칼로 허리를 벤다고 하면 당연히 손을 뒤집지 않으면 칼날이 정확하게 들어가지 않게 마련이다. 베는 물체에 칼날이 수직으로 들어가는 것을 '칼날이 선다'고 말하는데 허리를 칠 때 손을 뒤집어서 치지 않으면 칼날이 서지 않는다. 그런 방법으로 베어서는 어떤 명검(名劍)이라 할지라도 정확히 벨 수 없다.

칼로 무를 자를 때라도 칼날이 서 있지 않으면 무는 잘리지 않는다. 실전에서는 설사 허리치기가 깨끗하더라도 손이 뒤집혀져 있지 않으면 무효가 되는 것은 당연하다. 물론 시합에서는 심판이 깃발을 올리지 않는다.

허리를 칠 때는 반드시 손을 뒤집어서 친다는 기본을 충실히 지켜야 한다.

7. 찌르기의 효과

검도의 격자 네 부위 중에서 '찌르기'만큼 효과가 적은 것은 없다. 각종 대회에서 '찌르기 기술'로 한 판 성공하는 경우는 매우 적으며 한 판도 얻지 못하는 수도 있다. 어째서일까? '찌르기 기술'의 특징을 생각해보면 대충 다음과 같은 원인을 들 수 있다.

① 찌르기 부위가 좁고 미끄러지기 쉽기(기술이 흐르기 쉽기) 때문에 효과가 있는 기술이 되기 어렵다.
② 목 부분은 사람의 급소이기 때문에 찌르기를 피하는 것이 본능적으로 있다.
③ 격자 네 부위 중에서는 가장 깊숙한 곳에 있으며 더구나 그 앞쪽을

◆ 양손 찌르기가 멋지게 성공한다.

죽도나 양쪽 손목으로 막고 있기 때문에 당장 틈을 찾아낼 수 없다.
  찌르기를 성공시키기 위해서는 장애가 되는 요인이 너무 많다. 그렇게 어려운 기술이라면 굳이 고생하면서 '찌르기'를 하지 않더라도 비교적 쉬운 다른 부위를 공격하면 된다는 결론이 되기도 한다. 따라서 자연히 실전에서는 '찌르기'가 매우 적다는 현상이 일어나게 된다.
  그렇지만 과연 그것으로 좋을까? 앞에서도 설명했지만 검도에서 공격할 곳은 머리와 손목과 허리와 찌르기의 네 부위밖에 없다. 겨우 네 군데밖에 없는 것을 다시 '찌르기'를 줄여 세 군데로 하면 자연히 공격의 폭이 좁아지고 작전도 단조롭게 되고 만다. 그런 의미 때문에도 찌르기 기술은 필요 불가결한 기술이다. 매우 어려운 기술이지만 버리는 일없이 잘 연습해서 마스터하는 것이 중요하다. '찌르기'의 효과는 의외로 크며 종종 전국(戰局)을 좌우하는 수가 있다.
  목 부분은 인간의 급소이다. 거기를 찔리는 것은 누구나 싫어하는 법이다. 설사 호구(護具)로 보호되어 있더라도 머리나 손목을 맞는 것과 달라서 목 부분을 겨냥해서 죽도 끝을 내밀게 되면 본능적으로 몸을 뒤로 젖혀서 피하려고 한다. 결국 자세가 흐트러지고 더 나아가서는 심리적 동요

◆ 찌르기 기술은 미끄러져서 벗어나는 일이 많지만 상대에게 심리적인 동요를 준다.

모든 기본기를 공격으로 직결시킨다 69

◆ 상대의 자세를 보고 찌르기가 효과가 있다고 판단되면 과감하게 찌르기로 나간다.

도 기대할 수 있다. 그 틈을 타서 맹렬히 공격하면 효과는 아주 크다.
 특히 다음과 같은 타입의 상대에게는 찌르기가 성공하기 쉽다.
 ① 중단세에서 죽도가 중심선에서 벗어나 있는 상대
 ② 죽도를 내린 채 자세를 취하는 상대
 ③ 상단세 또는 두 개의 죽도자세인 상대
 '찌르기'에는 '한손 찌르기'와 '양손 찌르기'가 있다. 상단과 이도인 상대에 대해서는 한손 찌르기가 효과가 있으며 양손 찌르기는 매우 위험하다. 즉 거리의 관계로 양손 찌르기의 경우 이쪽의 찌르기가 닿기 전에 상대방의 머리치기에 당할 성공할 가능성이 있기 때문이다.
 상대가 중단세라면 양손 찌르기나 한손 찌르기의 어느 쪽이라도 임기응변으로 가려 써도 좋지만 상대와의 거리가 가까운 경우에는 양손 찌르기, 일족 일도(一族一刀)의 거리(중단세에서 한 발 내딛어서 상대를 격자할

◆ 도장의 벽에 만든 ○ 표를 과감하게 찌르는 연습을 한다.

수 있는 거리)에서는 한손 찌르기를 하는 것이 보다 자연스러울 것이다.

어쨌든 상대의 자세를 보고 찌르기가 효과가 있다고 생각한다면 기회를 보아서 과감하게 찔러보아야 한다.

'찌르기'가 어렵다는 다른 또 한 가지 이유는 찌르는 연습이 다른 부위를 치는 연습에 비해서 적다는 것을 들 수 있다. 아마도 머리치기의 10분의 1도 하지 않고 있을 것이다.

왜냐하면 찔리는 역할을 하는 연습 상대가 싫어하기 때문이다. 설사 상대가 있다 하더라도 찌르는 쪽에 미안한 마음이 있어 진심으로 강하게 찌르지 않기 때문에 연습이 되지 않는다. 만약 강하게 찌르다가 벗어났을 경우에는 상대의 목 부위나 가슴 상부에 상처를 입힐 우려도 있기 때문에 찌르는 쪽이나 찔리는 쪽도 기분이 좋지 않아 연습에 열중하지 않는 수가 많은 것 같다. 이래가지고는 실전에서 성공할 리가 없다.

도장의 벽에 ○ 표를 그리고 오로지 그것을 찌르는 것도 한 가지 좋은 연습법이 된다. 높이는 자기 목 부위 높이로 하고 거리는 가까운 거리에서 양손 찌르기, 먼 거리에서는 한손 찌르기 등 여러 가지 변화를 준다.

벽이 상대이기 때문에 과감하게 힘껏 찌를 수 있으며 벗어나도 위험이 없다. 더구나 혼자서 할 수 있다. 연습 시간 내에 하지 않더라도 할 수 있다. 복장은 일부러 도복으로 갈아입을 필요도 없으며 상의를 벗는 것만으로 충분하다. 죽도만 있으면 아주 간단하게 연습할 수가 있다.

매일 10분간씩만 1년쯤 이 연습을 계속해보기 바란다. 반드시 당신은 찌르기의 명수(名手)가 될 수 있을 것이다.

제 4 장 공수(攻守)의 균형 감각과 공격의 타이밍

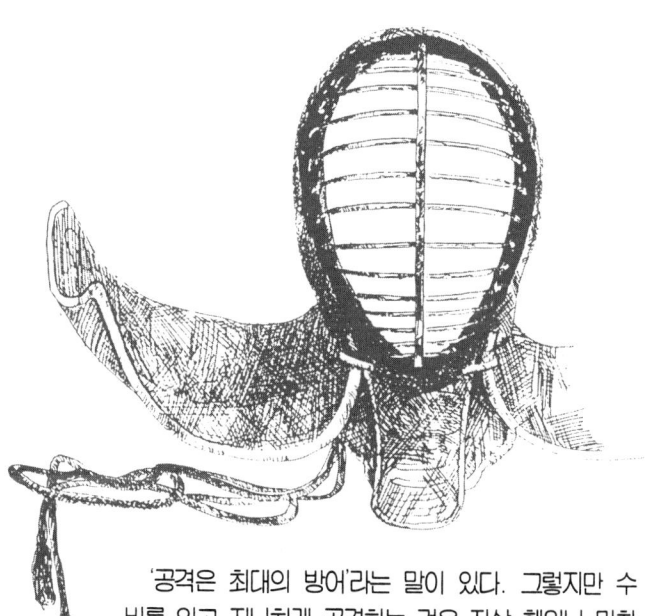

'공격은 최대의 방어'라는 말이 있다. 그렇지만 수비를 잊고 지나치게 공격하는 것은 자살 행위나 마찬가지이다. 공수의 균형 감각이 뛰어난 사람이 이기고 뒤떨어진 사람이 지게 마련이다. 또 승부의 세계에서는 타이밍이 중요하다. 격자의 타이밍이 10분의 1초가 벗어나도 그 공격은 성공하지 않는다. 그리고 오히려 반격을 당하게 된다.

1. 공격과 수비의 균형 감각은 중요하다

'공격은 최대의 방어'라는 말은 명언이다. 그렇지만 그것은 공격력이 압도적으로 강한 경우라든가 작전이 주효(奏效)해서 공격 일변도로 적국이 우세하게 전개되고 있을 때뿐이다. 그렇지 않을 경우에는 조금 우세하다고 해도 소극적인 방어에 고심하면서도 몰래 반격의 기회를 노리고 있는 것이다.

우쭐해져서 조잡한 방법으로 공격을 하고 수비를 잊으면 반격당해서 잠시도 지탱하지 못한다. 그렇기 때문에 아무리 우세하더라도 수비를 잊지 않는 것이 승부의 요체(要諦)가 된다.

그리고 이 반대의 경우도 마찬가지이다. 결국 공격 속에 수비를 포함하고 수비 속에 공격을 포함한다. 이것이 없는 공방은 실패로 돌아가는 일이 많다.

장기에서도 수비를 소홀히 하고 공격만 해나가면 국면이 어수선해져 수습하지 못하고 지게 된다. 검도에서도 지나친 공격은 삼가해야 한다. '과유불급(過猶不及)'이라는 격언이 있지만 수비를 잊고 지나치게 공격만 하면 자살 행위나 마찬가지가 된다.

옛날부터 공격할 때에 기다리는 마음을 가지고, 기다릴 때도 공격하는 마음을 잊어서는 안 된다고 주의를 시켜왔다.

"적을 향해 열심히 공격하지 않으면 이길 수 없다. 그렇지만 공격할 생각만 하고 수비를 소홀히 하면 공격이 잘못되던가 적이 급변할 때 그것에 대응할 대응력이 없기 때문에 실패를 가져오게 된다.

그러므로 공격해나갈 때도 적의 동정을 살펴 급변에 즉응(卽應)할 수 있는 마음가짐을 잊어서는 안 된다. 호방(豪放)한 사람이 과감하게 쳐들어가는 것은 어렵지 않지만 지혜가 있는 사람이라도 공격할 때 후방의 수비를 완벽하게 하는 것은 쉽지 않다. 천리 밖으로 진격하더라도 본거지를 습격당한다면 훌륭한 장수라고 할 수 없다. '공격할 때도 기다린다'는 것은 한 판의 기술에서나 만국(萬國)의 장수에게도 중요한 가르침이다.

◆ 공격 속에 수비를 내포하고, 수비 속에 공격을 내포한다.

 내 몸을 온전히 지키기 위해서는 우선 수비를 견고하게 하지 않으면 안 된다. 그렇지만 적이 공격해오는 것만 생각하고 방어를 하는 것만으로는 이길 수 없다. 상대가 공격해오는 것을 기다릴 뿐만 아니라 좋은 기회를 봐서 역습하여 적을 무찌르지 않으면 안 된다.
 기다리기만 하고 공격할 생각이 없으면 적에게 선제 공격을 당해 적의 빈틈을 찌를 수 없다. 그러므로 항상 적의 동정을 살피며 기다리다가 공격을 잘해서 한순간에 승리를 잡아야 한다."
 옛날의 병서(兵書)를 알기 쉽도록 대충 옮긴 것이다.
 '호방한 사람이 과감하게 쳐들어가는 것은 어렵지 않지만 지혜가 있는 사람이라도 공격할 때 후방의 수비를 완벽하게 하는 것은 쉽지 않다.'는 말은 그야말로 명언이다. 호방한 사람이 아니더라도 기세가 올라 공격하고 있을 때는 기분이 좋아지게 마련이다.

따라서 지금은 지나치게 공격했다든가, 무리한 공격을 하고 있다든가, 난폭한 방법으로 공격하고 있다는 등의 자각을 할 여유가 없으면 패배로 한 걸음 한 걸음 다가가고 있다는 위기감을 전혀 느끼지 못하는 것과 마찬가지이다. 그리고 정신을 차렸을 때는 지고 있는 경우가 많다.

그렇지만 지금 검도를 배우는 이들은 분별도 없이 덮어놓고 돌진해서 브레이크도 걸지 않고 이성을 잃어서는 안 된다. 공격 속에 수비가 있고, 수비 속에 공격이 있다는 검(劍)의 비결을 잊지 말고 시합을 전개해 나가기 바란다.

그렇기는 하지만 실전에서 서로 백열전을 벌여 흥분하고 있을 때 이 비결을 생각해내어 유리하게 전국을 전개한다는 것은 상당히 어렵다. 그래서 병서에서도 '이 가르침은 단련된 다음이 아니고는 그 의미를 터득하기 어렵다'고 말하고 있다.

말로는 이해하기 쉽지만 '공격 중에 기다림이 있고 기다림에 공격이 있다'는 것을 실전에서 행동으로 터득하기 위해서는 충분히 단련된 다음이 아니고는 어렵다.

공수에 관한 옛 사람의 가르침을 대략 이해할 수 있었다고 치고, 다음에는 그 이론을 현대식으로 정리해서 실전에 응용하는 것을 생각해본다.

실전에서 공수의 균형 감각을 연마하도록 한다. 공수의 균형 감각의 우열로 승부는 결정난다고 각오해도 좋다. 그럼 실제로는 어떤 균형을 지니고 싸우면 좋을까? 이것은 상당히 어려운 문제이다. 본인의 검도 수련의 정도에 따라서도 다르며 성격에 따라서도 다르다. 여기서는 그런 개인차를 접어두고 극히 일반적인 인물상을 마음속에 그리고 생각해본다.

우선 싸움에 임하는 자세로서는 공수의 기(氣)를 6 대 4 정도로 두면 어떨까. 기백을 넘치게 하고 선제 공격을 하겠다는 생각으로 맞선다. 마음으로 적을 제압하고 한 걸음이라도 앞으로 나가려고 한다.

아무튼 상대가 있는 승부이다. 자기만 유리하다는 법은 없다. 시종일관 냉정하게 공방 6 대 4의 페이스 분배를 허물어뜨리지 말고 싸움을 계속하면 유리하게 시합을 전개할 수 있어 승리를 자기 것으로 만들 확률이 높다.

2. 자신있는 공격 패턴은 자신있는 수비에서

장기를 두는 것을 보고 있으면 두는 사람에 따라서 각기 잘 쓰는 공수의 형태가 있음을 알 수 있다. 공격에서는 차(車)를 잘 쓰는 사람, 상(象)을 잘 쓰는 사람, 마(馬)를 잘 쓰는 사람 등이다. 그리고 수비에 있어서도 면포(面包), 중포(中包), 면상(面象) 등의 진형이 있다. 그리고 공격의 전법과 수비의 진형과는 대부분의 경우 한 세트로 되어 있는 것 같다.

물론 이것은 기본형과 같은 것이며 작전에 따라서 말의 배치가 바뀌는 것은 당연하다. 그렇지만 장기의 대국 전체로 보아 어떤 공격 전법을 쓴다고 하면, 그 전법을 뒷받침하기 위해 가장 어울리게 고안된 수비진형이 있다는 점이다.

이것은 장기만이 아니라 모든 싸움의 경우에도 참고가 되는 중요한 포인트이다. 왜냐하면 전선(前線)에서 공격하고 있을 때 수비진이 후방을 빈틈없이 지키고 기회를 봐서 공격진을 지원하는 것이 싸움의 원칙이기 때문이다. 그러나 그것이 보다 효과적으로 이루어지기 위해서는 공격 전법에 맞는 수비진형이 있어야 한다는 교훈이다.

이 교훈을 검도에 살릴 수 없을까? 물론 장기나 축구 같은 단체 경기의 경우처럼 되지는 않겠지만 혼자서도 공방을 가리면서 싸운다는 점에서는 같은 이치이다.

그래서 우선 자신있는 공격 패턴을 연구해서 몇 가지 만들어낸다. 그런데 축구의 경우와 같이 스트라이커 혼자서 공을 성공시키는 것이 아니다. 스트라이커에 협력해서 미드필더라든가 다른 공격수의 협력이 있어야 한다. 그래야만 위력을 발휘할 수 있게 되는 것이다.

검도에서도 이치는 같다. 단독으로 머리치기를 하려고 뛰어들어가봤자 아무런 효과가 없다. 스트라이커의 진격로를 열어주기 위해 미드필더가 사이드 라인을 따라 치고 들어가 센터링을 해주듯이 "머리!" 하고 뛰어들어가기 전에 상대의 죽도를 쳐낸다든가, 찌르기를 하는 것처럼 보인다든가 한다. 이렇게 해서 적에게 압력을 가한다든가, 손목을 공격해서 적의 마음을 동요시킨다든가, 축구에서의 미드필더의 기능에 상당한 작업을 해 놓고 강력한 머리치기를 하는 것이다.

이것은 한 일례이기 때문에 굳이 머리치기에 국한할 필요는 없다. 평소에 잘 연습해둔 장기 중의 장기라고 할 수 있는 기술을 힘있게 내면 된다. 그리고 잊어서는 안 되는 것은 그 공격을 지원하는 수비진형이다. 공격이 성공하지 못하고 끝났다고 하더라도 차분히 만전의 수비태세를 취한다. 공격이 허사로 끝나지 않도록 지원하여 상대의 반격 기회를 미연에 봉쇄하는 동시에 제2, 제3의 공격을 조립하고 추진할 자세를 만들지 않으면 안 된다.

이것을 까다롭다거나 귀찮다고 생각하는 사람은 언제까지 해도 진보가 없다. 추상적이어서 구름을 잡는 것 같지만 이런 마음가짐을 가지고 연구하면 반드시 무언가 얻는 것이 있다. 실전에서 행동으로서 터득하기 위해서는 잘 단련한 다음이 아니면 곤란하다. 목표가 있어서 고생하는 것과 그렇지 않은 사람의 차이는 수행을 거듭함에 따라서 더욱더 커지게 되는 것이다. 남에게 배우는 것만으로는 절대로 높은 데까지 도달할 수가 없다. 자기 자신이 깊이 생각하고 체험을 쌓음으로써만 깊은 경지에 도달할 수 있는 것이다. 이것은 모든 일에 들어맞는다.

자신있는 공격 패턴을 고안하여 그것에 익숙해지는 것도 자득(自得) 없이는 쓸모가 없다. 그리고 그 공격 패턴을 깨는 수비진형은 어떤 것이 가장 효과가 있느냐 하는 것도 스스로 연구하여 "이것이다!" 하고 스스로 발견해야만 자기 것이 된다. 이 경우 "이것이다!" 하고 마음속으로 외쳤다는 것이 소위 '자득(自得)'이다.

또 공수의 균형 감각을 익히기 위해서는 육감이 예민하지 않으면 안 된다. 육감이란 가장 뛰어난 감각을 말한다. 처음에는 눈으로 느끼고 다음에 귀로 느끼고, 다음에 코로 느낀다는 식으로 오감(五感)을 통해서 느끼고 한 걸음 더 나아가면 틀림이 없는 소리를 듣고 모양이 없는 그림자를 보는 영묘(靈妙)한 데까지 도달하는 것이다.

그럼 승부의 세계에 서 있는 사람은 어떨까? 거기에는 두 가지 수가 있고 그 중의 어느 쪽을 택해야 할지 망설이게 되는 일이 종종 생긴다. 이

◆ 좋은 기회는 육감으로 익힌다.

경우 최후의 결정은 아무래도 육감에 의지할 수밖에 없다.

언제 공격하고 언제 수비하는가. 공수의 전환은 언제가 좋은가. 이것을 순간적으로 결정해서 잘못되지 않도록 하기 위해서는 육감의 작용에 의지할 수밖에 없다.

앞에서 나온 병서 속에 '적이 공격해오는 것을 기다릴 뿐만 아니라 좋은 기회를 봐서 역습하여 적을 무찌르지 않으면 안 된다.'고 했는데 이 좋은 기회를 본다는 것도 육감이다.

  자기에게 좋은 기회라면 상대에게 역시 좋은 기회이기 때문에 결국은 어느 쪽이 좋은 기회를 예민하게 알아차리는 육감을 가지고 있느냐에 따라서 승패가 나는 것이다.

  바둑을 둘 때 한 국(局) 속에 두 번 또는 세 번은 반드시 이길 수 있는 기회가 있는 법이다. 이 이길 수 있는 기회를 놓치면 이기기 어렵다. 축구도 마찬가지이다. 한 게임에 몇 번을 이길 수 있는 기회가 있다. 그 기회를 놓치면 고전하거나 지고 만다.

  하늘은 이길 수 있는 좋은 기회를 양쪽 모두에게 평등하게 주고 있다는 것을 알아야 한다. 그것을 승리로 결부시키느냐 어떠냐는 육감에 의지할 수밖에 없다. 모든 감각은 몇 번이나 되풀이해서 느끼는 중에 예민해지는 법이다. 감각이든 육감이든 노력해서 되풀이하여 연마하지 않으면 숙달되지 않는다. 육감은 천성이라고 생각하는 사람이 많은 것 같으나 이것은 큰 잘못이다. 노력해서 연마하면 연마할수록 더욱 늘어나는 법이다.

3. 격자의 타이밍이 중요하다

  또 야구를 예로 들어보기로 한다. 타자가 타석에 서서 상대 투수가 던지는 공을 기다리고 있다. 그리고 공이 스트라이크 존을 통과할 때를 확인하고 방망이를 휘두른다. 다행히도 공과 방망이의 타이밍이 맞아 방망이 중심으로 공을 칠 수가 있다면 잘 날아 히트가 될 가능성이 매우 크다. 타자는 타이밍을 맞추어 방망이 중심으로 공을 치는 것이 히트를 치는 요령이다. 한편 투수는 타자가 타이밍을 놓치도록 치기 어려운 공을 던져야 한다.

  그래서 투타(投打)의 승부가 전개된다. 던지는 쪽이 이기느냐, 치는 쪽이 이기느냐인데 승부의 열쇠는 타이밍이 된다. 타이밍이 잘 들어맞으면 타자의 승리이고 조금이라도 타이밍을 놓치면 투수의 승리이다.

  승부의 세계에서는 타이밍이 이만큼 중대한 내용을 내포하고 있다. 10분의 1초라는 근소한 타이밍 차이에 의해 홈런이냐 삼진이냐 하는 큰 결

공수의 균형감각과 공격의 타이밍 81

◆ 타이밍을 맞추어서 배트의 중심으로 공을 친다.

과로 갈라지는 야구의 예를 들 것도 없이 다른 경기나 스포츠에 있어서도 타이밍이 승패를 좌우하는 큰 포인트가 된다.

검도라는 냉엄한 승부의 세계에서도 같은 말을 할 수 있다. 격자의 타이밍이 10분의 1초가 어긋나도 그 공격은 성공하지 못한다. 성공하지 못한다는 것은 동시에 상대의 반격을 받는다는 것을 의미한다. 공수(攻守)의 입장은 눈 깜짝할 사이에 역전하는 것이기 때문에 무섭다.

그럼 어떻게 하면 좋을까? 우선 격자의 타이밍을 놓치는 원인부터 알아 보기로 한다.

첫째, 모션이 너무 크지 않는가 하는 것이다. 격자하기 위해서는 그때까지 거의 정지 상태에 있던 몸이 앞쪽으로 빠르게 나가야 한다. 그러므로 어느 정도 모션이 커지는 것은 하는 수 없다. 그렇지만 이 모션이 너무 크면 적에게 방어할 여유를 주게 되며 자기 자신이 공격할 타이밍도 놓치는 결과가 된다.

특히 체중을 아래위로 움직이는 것을 아주 자제하지 않으면 격자는 더욱더 부정확해진다. 동작은 작게, 그리고 빠르고 날카롭게 하는 것이 중요하다. 날거나 뛰어오르거나 하면서 격자하는 것은 금물이다. 그러기 위해서는 역시 중단세가 바르게 갖추어져 있지 않으면 체중이 이동할 때 쓸데없는 곳에서 필요없는 힘을 낭비하게 된다.

둘째로는 과감성이 필요하다. 10분의 1초 차이로도 타이밍이 어긋나는 수가 있기 때문에 격자의 좋은 기회라고 판단하면 과감하게 공격해야 한다. 한순간이라도 주저하면 타이밍을 놓쳐서 기회를 잃어버린다. 이것저것 생각하지 말고 뛰어들어가는 과감성이 공격을 성공시켜준다.

야구에서는 이것을 호구필타(好球必打)라고 하는데 어쨌든 좋은 공이 오면 놓치지 않고 치려고 하는 적극성과 그때 아무것도 생각하지 않고 무심(無心)의 상태로 방망이를 휘두르는 각오가 중요하다.

검도도 같다. '몸을 버리고 치는' 요령을 익히도록 해야 한다. 죽도의 유효격자부에 체중을 싣고 치고 들어가야 한다. 이것이 정확하게 맞으면 완전한 한 판이 된다. 그렇지만 말하기는 쉽고 해나가기는 어렵다는 말 그대로 이것은 상당히 어렵다. 체중을 싣는다는 것이 어렵기 때문이다. 단순히 죽도를 뻗어서 맞추기만 해서는 안 된다. 체중이 실려 있어야 한다. 권투에서도 주먹을 뻗어서 맞히는 것만으로는 유효타가 되지 않는다.

야구에서도 단순히 방망이를 내밀어 공을 맞추는 것만으로는 안타를 칠 수 없다. 공의 힘에 지지 않는 반발력으로 먼 곳으로 날려보내기 위해서는 방망이 중심에 체중을 충분히 싣고 마음껏 휘두르지 않으면 안 되는 것과 같은 이치이다.

죽도의 유효격자부에 체중을 싣고 치고 들어가면 필연적으로 자기 몸은 적의 공격권 내로 들어가 위험이 많다. 그렇지만 그것을 걱정하고만 있으면 안 된다. 여기서는 어디까지나 한 판 승부로 나갈 뿐이다. '호랑이 굴에 들어가지 않으면 호랑이를 잡을 수 없다'는 격언 그대로 과감하게 뛰어

공수의 균형감각과 공격의 타이밍 83

◆ 좋은 격자 기회라고 판단하면 과감하게 공격한다.

들어가야 한다. 이것을 검도에서 '몸을 버리고 친다'고 한다는 것은 제3장에서 설명한 바 있다.

옛 사람은 "평소에 잘 각오하고 상사를 벗어나 담력을 기르는 것이 필요하지만 짧은 기간에 이런 경지에 이른다는 것은 어렵다. 그러므로 일상에서 이렇게 노력하는 동시에 시합에 임하기 전에 자기 자신에게 몸을 던져 최선을 다하리라는 암시를 주어 각오를 한 다음에 경기에 나가야 한다."고 가르쳤다.

몸을 아끼고 한 걸음이라도 대담하게 내딛지 못하기 때문에 죽도를 내리쳐도 효과를 얻지 못하고 상대의 반격을 당하고 만다. 그러나 몸을 버리고 내딛으면 오히려 안전하다.

몸을 버리고 친다는 이 요령을 터득했느냐 하지 못했느냐가 그 후의 승부의 명암(明暗)을 가르게 된다.

4. 타이밍을 어긋나게 하는 것들

　상대가 타이밍을 어긋나게 한다면 이해가 가지만 스스로 자기 격자의 타이밍을 어긋나게 해버리면 곤란하다. 옛날부터 이렇게 타이밍을 어긋나게 하는 원인을 검도의 사병(四病) 또는 사계(四戒)라고 했다.
　경(警)·구(懼)·의(疑)·혹(惑)이 그 사병이다. 경(警)이란 갑자기 예기치 않은 일이 일어나 마음이 동요되는 것을 말한다. 놀랐을 때는 심신의 활동에 혼란을 가져와 정확한 판단을 내려 적당한 조치를 취하지 못한다. 심한 경우에는 망연자실하여 어찌할 바를 모르게 된다.
　구(懼)란 공포를 말한다. 공포의 마음이 심해지면 정신적 활동이 정체되고 사지가 떨리며 근육이 마비되어서 움직일 수 없게 되는 경우가 있다. 상대의 체구가 큰 것을 보고 기가 꺾이고 상대의 허세에 자기를 당할 수 없다고 생각하고, 혹은 공격했다가 반격당할 것을 생각하고, 물러났다가 몰릴 것을 걱정한다. 이런 것들은 모두 공포이다.
　의(疑)란 적을 보고 확인하지 않고 자기 마음에 결단이 없음을 말한다. 혹(惑)이란 망설임을 말한다. 의심할 때는 주의가 마음속에 응체(凝滯)하고 망설일 때는 정신이 혼미해서 판단이나 경쾌한 동작을 하지 못한다.
　'경구의혹(警懼疑惑)'의 네 가지 생각이 생기면 마음은 그것에 끌려서 빈틈이 생기고 그 동작은 주저하여 결행하지 못하게 된다.
　결국은 자기 마음의 평정을 잃고 격자의 타이밍을 완전히 어긋나게 만들어버린다. 물론 '경구의혹'의 네 가지 병을 극복하는 것은 지극히 어려운 일이지만 이것을 극복하려고 노력하는 것이 바로 수행(修行)이다.
　그것이 완성된 심경을 '무념무상(無念無想)'이니 '명경지수(明鏡止水)'라는 말로 표현하고 있지만 요점은 자기 자신에게 이기는 것임에 틀림없다.
　그 밖에 당황과 서두름이 타이밍을 어긋나게 한다. 검도를 수련함에 있어서 기술이 빠르다는 것과 서두른다는 것을 혼동해서는 안 된다. 공격은 덮어놓고 연달아 격자하면 되는 것이 아니다. 서두르면 더욱더 불리해질

◆ 몸을 버리고 친다.

뿐이다.

재빠른 솜씨라든가 날카로운 격자라는 것은 오히려 굳게 결심하고 침착하게 상대의 움직임을 지켜보다가 일단 결심한 이상 빨리 공격하는 것을 말한다. 따라서 격자 효과는 정확하다.

서두를 때는 침착성을 잃기 쉬우며 냉정하지 못하기 때문에 상황판단이 적절하지 못하다. 자신도 없이 덮어놓고 공격하기 때문에 격자의 효과는 불확실하다.

'서두르면 일을 그르친다'는 말이 있듯이 무슨 일이든지 서둘러 해서 성공한 예가 없다. 하물며 검도에서 격자의 타이밍이라는 것은 묘한 컨트롤이 요구된다. 초초해져서 마음의 안정을 잃어버린 상태가 되면 정확함을 요구하는 쪽이 무리일지도 모른다.

흔히 있는 일이지만 검도 대회 등에서 자기 팀의 시합 개시 시간이 어떤 사정으로 갑자기 빨라져 황급히 입장하게 되어 마음을 안정시킬 여유도 없이 시합을 한다. 선봉(先鋒)이 간단히 졌기 때문에 그 다음 선수들

86

◆ 리듬을 타고 달린다.

이 모두 초조해져버려 팀이 참패하고 마는 경우가 많다.

검도 시합뿐만 아니라 실생활에서도 화급한 상황에 직면하는 일이 종종 있다. 그런 때에 당황하여 어찌할 바를 모른다고 한다면 검도를 수행한 보람이 없다.

그리고 검도에는 검도의 리듬이 있다는 것도 알아두어야 한다. 모든 스포츠에서 한 번 리듬을 타게 되면 바람이 나서 평소의 힘을 발휘할 수 있는 법이다. 시합이 시작되면 되도록 빨리 리듬을 타도록 명심할 필요가 있다. 그리고 이 리듬에는 팀의 리듬도 있지만 개인의 리듬도 있다. 축구에서는 팀 전체가 리듬을 타게 되면 패스가 잘되고 동작이 민첩해져 시합의 전개가 빨라진다.

개인 스포츠를 예로 들면 마라톤 등에서는 출발한 다음에 곧 리듬을 타는 데 성공한 선수는 다리가 경쾌하게 앞으로 내딛게 되어 보는 사람도 기분좋게 달리고 있다는 것을 알 수 있다. 테니스나 배드민턴, 탁구 등의 게임에서는 특히 리듬이 큰 요소를 차지하여 시합의 흐름을 좌우한다.

검도에도 검도의 독특한 리듬이 있다. 선수가 되면 그 리듬을 자기 몸속에 숨쉬게 할 수 있다. 이것이 컨디션이 좋을 때는 괜찮지만 어떤 이유로 흐트러지거나 하면 큰일이다. 지금까지 리드미컬하게 아름다운 멜로디를 흘려보내고 있던 라디오가 고장이 나서 불규칙한 소리를 내기 시작한 것과 같다.

선수는 자기의 검도 리듬을 소중히 하여 이것을 실전에서 살리도록 명심해야 한다. 또 박자를 리듬의 의미로 파악하고 쓰고 있는 사람도 있다. 때와 경우에 따라 기회, 기운(機運), 계기, 경향, 상태, 장도, 요령이라는 의미로 쓰고 있는 사람도 있다.

옛 사람들은 박자라는 말을 리듬과 같은 의미로 쓰고 매우 중요시하고 있음을 여러 가지 책에서 알 수 있다. 즉 리듬을 타는 것이 중요하다는 것을 설명하는 동시에 리듬이 흐트러졌을 경우 어떻게 대처하면 좋은가 하는 것까지 언급하고 있다.

옛날이나 지금도 검도의 이치는 같다. 검도에는 검도의 리듬이 있다는 것을 전혀 인식하지 못하고 있는 사람은 전도 요원(前途遼遠)하나고 하시 않을 수가 없다. 그렇지만 다행히도 자득(自得)하고 있는 사람이라 하더라도 어떤 이유에 의해서 리듬을 흐트렸을 경우에는 격자 동작에 정확성이 없고 격자의 타이밍도 불안정한 것이 되고 만다.

제 5 장 기력으로 적극적으로 치고 나간다

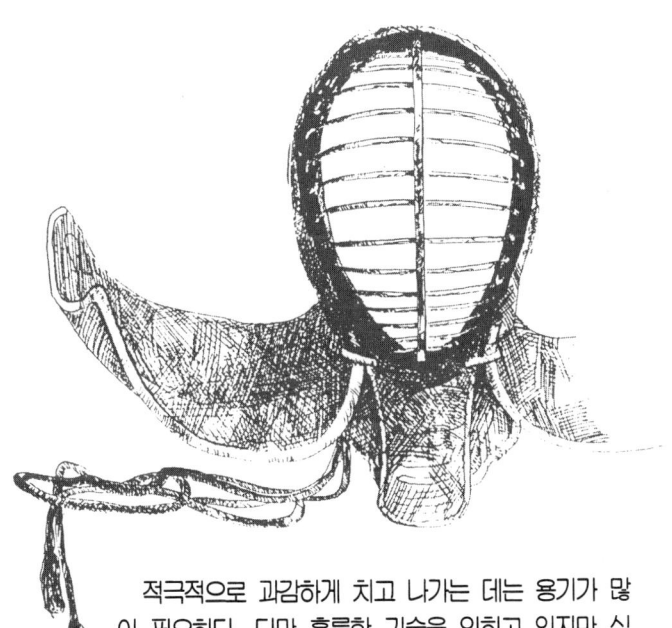

　적극적으로 과감하게 치고 나가는 데는 용기가 많이 필요하다. 다만 훌륭한 기술을 익히고 있지만 실전에서는 좀처럼 쓰지 못하는 사람이 많은 것 같다. 왕성한 기력으로 몸에 익힌 기술을 끌어내야 한다. 과감한 기술은 기력으로 치는 것이다.

1. 연속 기술로 결판낸다

공격을 걸어 한 판을 쳐서 그것이 멋지게 성공했을 때만큼 통쾌한 일은 없다. 야구에서 홈런을 쳤을 때와 같다. 그렇지만 야구에서 홈런을 치는 것이 대단히 힘든 것과 마찬가지로 검도에서도 먼 거리에서 공격하여 한 판 치기로 결판낸다는 것은 쉬운 일이 아니다.

여기서 야구의 득점 패턴을 생각해보자. 야구에서는 공격의 권리를 3사(死)까지로 하고 그 제한내에서 잇따라 공격을 되풀이해서 득점을 노린다. 그리고 그 공격에도 여러 가지 변화를 준다. 예를 들면 만약 1루(壘)로 주자가 나가면 다음 타자와 미리 짜고 번트나 히트 앤드 런 혹은 도루(盜壘) 등에 의해서 주자를 2루로 보내고 다시 다음 타자의 안타로 홈베

◆ 연속기술로 공격한다.

기력으로 적극적으로 치고 나간다 91

◆ 한 판이 될 때까지 공격을 속단하는 집념이 기백이 담긴 연속기술을 가능케 한다.

이스를 밟아 득점하는 방법이다.

다시 말해서 한 점을 얻는데 잇따라 여러 가지 공격을 되풀이해 나가는 것이다. 이 경우 번트로 하느냐 다른 방법으로 공격하느냐 하는 것은 상대의 수비진형이나 타자의 능력에 따라서 선택하는 것이다.

검도도 이것과 같다고 할 수 있다. 한 판 치기로 뛰어들어가 그 기술이 성공하지 못했다고 해서 단념해버리면 안 된다. 즉각 2격째를 치고 그것도 성공하지 못할 때는 다시 3격째를 치는 것이다. 이 일련의 격자가 '연속 기술(連續技術)'이라고 불리는 것이다.

공격하는 부위를 짜맞춤에 따라서 손목·허리·머리·머리, 또는 손목·머리·허리 등 다양해진다. 어느 기술(짜맞춤)로 공격하느냐 하는 것은 야구의 경우와 마찬가지로 상대의 수비진형(방어)이라든가 공격하는 쪽의 기술 내용 등에 따라서 선택하게 된다.

일단 공격을 걸면 어떤 일이 있더라도 한 판 성공시키고야 말겠다는 집념을 불태워야 한다.

연속 기술뿐만 아니라 모든 검도의 기술은 기력, 기백이 담겨 있지 않으면 안 된다. 손 끝으로 기술을 내는 것이 아니라 기력과 기백으로 치고 나가는 것이다. 특히 연속 기술은 기백이 무엇보다도 우선된다. 처음 공격이 실패했을 때 의기소침해서 풀이 죽는다면 힘이 빠져버린다.

그렇게 되면 더 이상 다음 공격을 할 수 없다. 승부를 버린 것과 마찬가지인 것이다. 승리를 기한다면 '어떤 일이 있어도 한 판 따고 말겠다'는 집념을 불태우고 공격을 속행하는 것이다. 이 집념이 기백이 되며 이것이 상대에게 전해졌을 때 상대는 반드시 후퇴한다. 후퇴하면 그만큼 거리가 적당히 벌어져 치명타를 가하는데 안성맞춤이 된다.

반대로 상대가 앞으로 나오면 치명타를 칠 수가 없다. 거리가 너무 가까워져 죽도를 마음대로 다룰 수가 없어 코등이로 치는 결과로 되고 만다. 다시 말해서 제1타가 실패로 끝나더라도 그 기백으로 상대를 후퇴시켜 이어지는 제2타, 혹은 제3타에서 성공시키도록 가지고 가야 한다.

그리고 연속 기술을 쓸 때 우선 중요한 것은 제1타에 전력을 다하는 것이다. 미리 제2타를 칠 여력을 비축해두자는 생각 따위는 하지 말아야 한다. 그렇지 않으면 상대를 제압하는 공격을 할 수 없다. 가능하면 제1타로 한 판을 얻고 말겠다는 기백으로 과감하게 뛰어들어가야 한다.

그렇게 하면 그 공격이 강대해지기 때문에 상대는 방어만 하기에 급급해서 반격을 할 수 없을 뿐만 아니라 수비 자세도 무너지고 제2타에 대한 마음의 준비가 불충분하게 된다. 부득이 후퇴하든가, 상체를 뒤로 젖히고 위기를 막으려고 한다. 그러나 공격측으로서는 이렇게 해주면 거리 관계로 제2타가 치기 쉬워진다.

사람의 기력이나 체력은 제1타로 전부 소멸되어버릴 만큼 약한 것이 아니다. 제1타에 완전히 썼다고 생각해도 제2타, 제3타의 공격을 할 기력과 체력은 금방 솟아나게 마련이다. 그것을 믿고 제1타에 전력을 집중하며 절대로 제2타, 제3타를 위해 힘을 남겨두자는 생각 따위는 하지 말아야 한다.

자동차에는 사이드 브레이크라는 것이 있다. 가끔씩 깜박 잊어버리고 사이드 브레이크를 건 채로 자동차를 출발시키곤 하는 경우가 있다. 물론

기력으로 적극적으로 치고 나간다 93

◆ 제1타에 100%의 힘을 내서 공격하는 것이 제2타, 제3타를 유효하게 만든다.

앞으로 나갈 수는 없다. 그래도 알아차리지 못하고 억지로 액셀러레이터를 밟아서 무리하게 달리게 한 일도 있을 것이다. 차는 생각대로 달리지 않으며 얼마쯤 달린 다음에야 브레이크를 풀었다는 이야기도 듣는다.

사실은 검도에서도 사이드 브레이크를 건 채로 억지로 달리려고 하는 사람이 있다. 그것은 '극히 일부'가 아니라 상당히 많은 사람들에게 해당되는 말이다.

자동차라면 금방 알아차리고 브레이크를 풀지만 검도에서는 좀처럼 알아차리지 못한다. 연속 기술을 쓸 경우, 이런 사람은 안 된다. 사이드 브레이크를 건 채로는 당연히 제2타, 제3타를 칠 수가 없다. 브레이크가 걸려 있기 때문에 몸이 앞으로 잘 나가지 않는다. 결국은 브레이크를 건 채로 차를 달리게 하고 있는 것과 마찬가지이다.

그럼, 검도의 사이드 브레이크란 무엇일까? 그것은 당목(撞木)이다. 당목이란 종이나 징을 치는 T자형의 나무막대를 말한다.

검도 용어에는 옛날부터 당복족(撞木足)이라는 말이 있는데 발을 딛는

◆ 사이드 브레이크를 건 채라면 자동차는 나갈 리 없다.

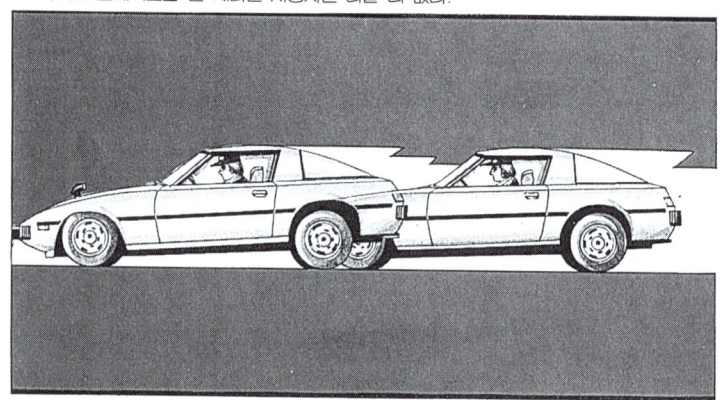

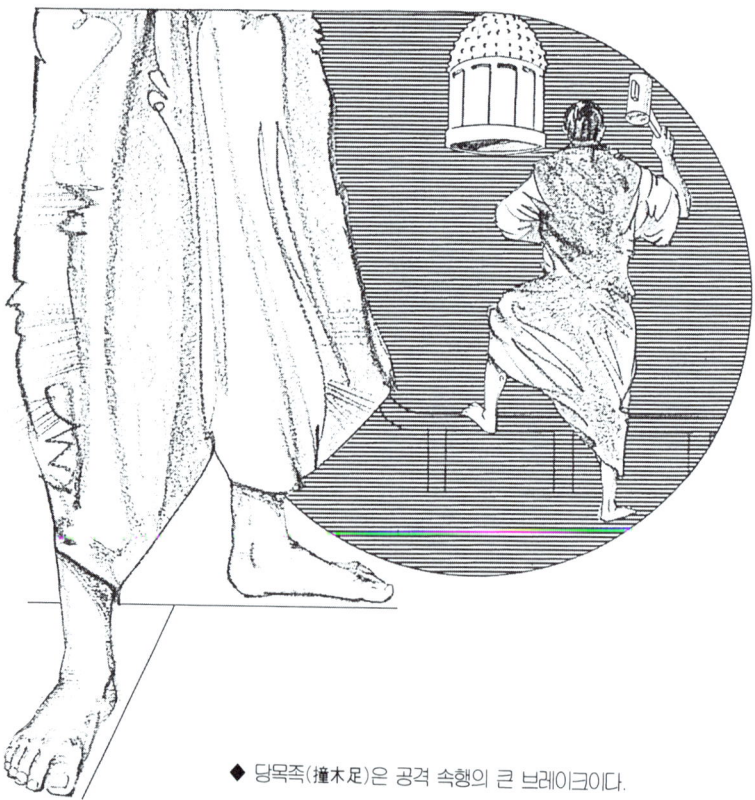

◆ 당목족(撞木足)은 공격 속행의 큰 브레이크이다.

방법 중 나쁜 예의 대표적인 것이다. 오른발은 앞쪽을 향하고 있는데 왼발은 왼쪽을 향하고 있는 발 모양을 말하며, 꼭 좌우의 발이 당목처럼 T자형으로 되어 있다고 해서 당목족이라고 불리고 있다. 이 당목족으로 제1타를 쳤을 경우, 왼발의 방향이 다르기 때문에 왼발(뒷발)을 자연스럽게 앞으로 보낼 수가 없어 결과적으로 질질 끄는 것처럼 되어 몸에 브레이크를 건 채로 공격하고 있는 것과 마찬가지가 된다. 스피드도 없고 박력도 없으며 당연히 효과도 없다.

연속 기술을 성공시키기 위해서는 무엇보다도 왼발이 정확하게 앞을 향하고 있도록 발 딛는 방법을 바르게 고치지 않으면 안 된다.

요컨대 바른 중단세로 몸에 익혀두는 것이 중요하다. 그러기 위해서는 일상 생활에서 보행할 때 '팔자걸음'으로 걷는 습관이 있는 사람은 우선 이것부터 고쳐야 한다. 팔자걸음으로 걷는 습관이 생겨버리면 자기도 모르게 검도에서도 당목족이 되기 때문이다.

2. 상대가 움직이려고 할 때 선수를 친다

'선수필승(先手必勝)'이라는 말은 도처에서 자주 쓰이고 있지만 그 뜻에 가장 꼭 들어맞는 것이 바둑에서의 승부일 것이다.

바둑은 검은 돌과 흰 돌을 교대로 한 개씩 두어서 승부를 다투는 것인데 검은 돌을 쥔 대국자가 먼저 두기로 되어 있으며 '선수(先手)'라고 한다. 다음에 흰 돌을 두며 이쪽은 '후수(後手)'라고 불린다.

승패가 결정날 때쯤 되면 바둑판 위에는 검은 돌과 흰 돌이 100개 이상 놓여지지만 양자의 역량에 큰 차이가 없을 경우에는 먼저 검은 돌을 두는 '선수'가 단연 유리하며 대체로 승리를 하게 된다. 이것은 통계상으로도 확인할 수가 있으며 여기서 '선수필승'이라는 말이 생겨나게 되었다.

바둑에서는 이 불공평을 없애기 위해 '후수'가 되는 백(白)에게 '다섯 집 반의 덤(공제)'이라는 핸디를 주어 마지막 계산에서 흑백 각 대국자가 확보한 지역(몇 집이라고 센다)에 가산한다. 그렇지만 그래도 흑을 쥔 선수가 더 유리하게 진행시키기 쉽다는 사람이 많다. 이것으로도 '승부의 세계

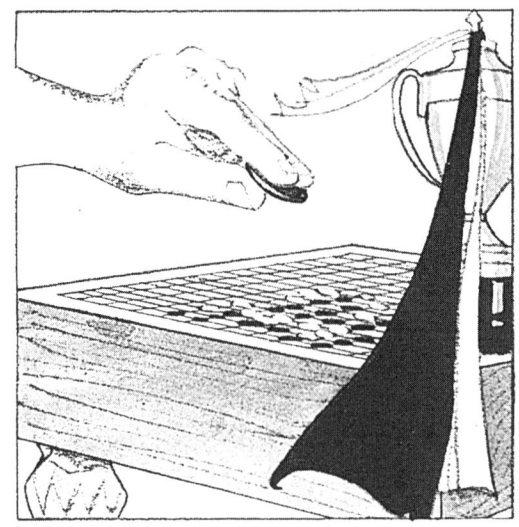

◆ 승부의 세계는 선수(先手)가 유리하다.

는 선수가 유리하다'는 것을 알 수 있다.

득점 게임인 구기(球技)에서는 이것이 더욱 뚜렷하다. 축구나 럭비, 야구, 테니스 등은 먼저 점수를 딴 쪽이 그 후의 시합을 유리하게 전개할 수 있다는 것은 다 아는 일이다.

검도에서도 마찬가지이다. 먼저 한 판을 딴 쪽이 높은 비율(약 90%)로 승리를 거둔다. 이것도 '선수필승'이라고 해도 좋을 것이다.

그런데 그 한 판을 선취(先取)하기 위해서는 어떻게 하면 좋을까? 물론 각자의 기량에 따라서 여러 가지 경우를 생각할 수 있지만 여기서 승부의 철칙이라고도 할 수 있는 '선수필승'을 실천한다.

선수라는 말을 사전에서 찾아보면 '남의 기선을 제하여 공격의 지위에 섬' 또 '바둑이나 장기에서 상대편이 어떤 수를 쓰기 전에 그 판국에 먼저 놓는 일'이라고 되어 있다.

검도에서 말한다면 상대가 움직이려고 할 때 놓치지 않고 잘 겨냥해서 치는 것일 것이다. 이 기술은 바둑이라면 상대가 놓으려고 하는 그 직전에 먼저 자기 돌을 빠르게 놓아버리는 것이 된다. 다만 바둑에서는 사전에 흑이 둘 차례와 백이 둘 차례가 정해져 있기 때문에 이런 일은 할 수

◆ 상대가 움직이려고 할 때 깨끗하게 머리치기가 성공했다.

없지만 검도에서는 마음대로이다. 먼저 친다고 해서 규칙 위반이 되지는 않기 때문에 많이 실행해야 한다.

상대가 앞쪽으로 움직이면 때를 놓치지 않고 머리를 친다는 결심과 자세를 갖추어둔다.

중심을 약간 앞으로 두고 발 넓이도 좀 좁게 하여 정신을 통일하고 가만히 기회를 엿본다. 그리고 상대가 앞으로 나올 거동을 보이면 그 순간을 놓치지 않고 과감하게 머리를 향해 죽도를 뻗는다.

이때 중요한 것은 머리치기가 성공하지 않으면 어떻게 될까 하는 따위의 결과를 생각하지 않는 것이다. 야구에서도 헛치는 것을 두려워하면 히

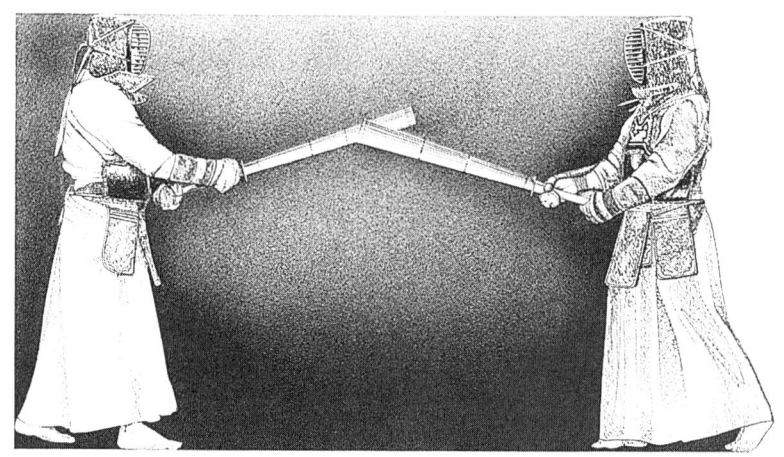

◆ 약간 중심을 앞에 두고 정신을 통일해서 가만히 기회를 기다린다.

트를 칠 수 없다. 결단이 중요하다.

　마찬가지로 검도에서도 일단 내리치겠다고 결심하면 결과를 두려워하지 말고 과감하게 뛰어들어가야 한다. 다만 너무 기를 써서 상대가 이쪽 마음을 알아채지 않도록 주의해야 한다. 시치미를 떼고 가만히 기회를 기다리는 것이다.

　크게 치켜올리지 않고 상대의 머리를 겨냥해서 일직선으로 죽도를 뻗어 손목의 스냅으로 친다. 보통의 머리치기처럼 치켜올려서는 도저히 시간이 맞지 않는다. 상대의 머리치기가 먼저 이쪽에 닿아버릴 것이다. 상대가 움직이려고 할 때 순식간에 이기는 머리치기는 최단거리를 통과해서 죽도를 상대의 머리로 가지고 가지 않으면 안 된다. 그러기 위해서는 '찌른다'는 기분으로 죽도를 일직선으로 상대의 머리 위로 뻗고 그 다음에는 양쪽 손목에 스냅을 주어서 '톡' 하고 치는 것이다. 특별히 세게 치려고 생각하면 안 된다. 이 머리치기(상대가 움직이려고 할 때 치는 머리치기)는 어디까지나 타이밍으로 치는 기술이지 힘으로 치는 기술이 아니다.

　친 순간에 죽도를 반동적으로 번쩍 든다. 쇠망치로 못을 치는 요령을 생각해보기 바란다. 치고 나서 다시 그 반동을 이용해 쇠망치를 치켜올리고 있는 것을 깨달을 것이다. 다만 그때는 순간적으로 손목의 힘을 빼지 않으면 잘 튀어오르지 않는다.

다른 예를 든다면 북을 북채로 칠 때와 같다고 할 수 있다. 물론 북도 손목의 스냅으로 치지만 친 순간에 손목의 힘을 빼고 북 가죽의 반발력을 이용해서 북채를 다시 치켜올린다. 다시 말해서 이것이 북의 독특한 '맑은 소리'를 내는 요령이다.

상대가 움직이려고 할 때 먼저 치는 머리치기도 이것과 같은 요령으로 쳐야 한다. 그때 기술은 깨끗한 기술이 된다. 여러 가지 기술이 있는 중에서 특히 상대가 움직이려고 할 때 치는 머리치기나 손목치기는 죽도를 치켜올려서 '탁' 하고 세게 치는 기술이 아니기 때문에 어지간히 깨끗하게 치지 않으면 한 판이 되기 어렵다.

쇠망치로 못을 치는 요령, 북채로 북을 치는 요령을 이 기술에 응용해야 한다.

3. 뿌리치고 친다

미국에서는 미식 축구(아메리칸 풋볼)라는 스포츠가 대단한 인기이다. 볼을 안고 적진으로 돌진하는 자기 팀 선수의 진로를 확보하기 위해, 방해하러 오는 상대 선수에게 자기 몸을 맹렬하게 부딪쳐서 물리치는 등, 육탄전과 같은 무시무시함이 사람들에게 인기를 얻는 모양이다.

전진을 강행하기 위해서는 모든 방해물을 우선 배제할 필요가 있다. 미식 축구는 그 대표적인 스포츠라고 할 수 있다.

물론 검도에서도 이것과 같은 요소가 있다. 그것을 기술로 구현한다면 '뿌리치기 기술'이 된다. 검도에서 머리로 공격해 들어가려고 할 때 방해가 되는 것은 상대의 죽도이다. 상대의 죽도가 앞을 가로막고 있어서 이쪽의 전진을 저해하고 있다. '뿌리치기 기술'은 방해가 되는 죽도를 이쪽 죽도로 쳐서 제거하고 돌진하는 것이다. 자기 죽도의 유효격자부로 상대 죽도의 중심을 쳐서 뿌리친다.

미식 축구 선수가 상대에게 몸을 부딪치는 것을 보면 자기 어깨를 상대 몸의 중심에 부딪치는 것을 볼 수 있다. 다시 말해서 어깨에서는 숄더 패

◆ 방해가 되는 상대를 억지로 부딪쳐 쓰러뜨리고 득점하는 미식 축구

기력으로 적극적으로 치고 나간다 101

◆ 죽도 유효격자부로 상대 죽도의 중심을 뿌리친다.

드가 붙어 있어서 공고하며, 강한 힘이 나오는 부분으로 상대의 중심부를 진격하는 것이 가장 효과가 있다.

　이것은 검도에서도 같다. 즉 유효격자부(죽도의 끝 쪽 3분의 1 부위)로 제거하는 것이 가장 효과적이다. 유효격자부라는 것은 야구 방망이에 비유한다면 그 중심이며, 그곳으로 공을 치면 가장 잘 날아가게 된다. 그러므로 자기 죽도의 유효격자부로 상대 죽도의 중심을 뿌리치는 것이 가장 효과적이라고 할 수 있다.

　뿌리친 죽도를 즉각 격자하는 죽도로 변신시키는 요령을 익힌다. 상대의 죽도를 그저 강하게 뿌리치는 것만으로는 기술이 성공하지 못한다. 뿌리치는 것만으로는 '뿌리치기 기술'이 되지 않는다. 뿌리친 죽도로 때를 놓치지 않고 상대의 머리나 손목, 또는 허리를 친다든가 찌르기의 공격동작이 따르지 않으면 안 된다.

　그러기 위해서는 자연히 '어떻게 뿌리쳐야 하느냐' 하는 문제가 생긴다. 결국 한 개의 죽도에 '뿌리치기'와 '격자'의 두 가지 역할이 주어지지만 그 두 동작 사이에 긴 시간이 개입하는 것은 허용되지 않는다. 1초의 10분의 1쯤의 아주 짧은 시간에 뿌리치는 죽도가 격자하는 죽도로 변신해주지 않으면 뿌리치는 기술은 성립되지 않는다. 그래서 뿌리치는 코스가 문제가 된다. 뿌리치기 쉽고 더구나 세게 뿌리치기 위해서는 바로 옆으로 뿌리치는 것이 가장 좋은 것처럼 생각되지만 한 가지 큰 난점이 있다. 뿌리친 다음의 죽도를 치는 위치로 가지고 가는데 시간이 걸리는 것이다. 반대로 가장 시간이 걸리지 않는 것은 바로 위로 뿌리쳐 올리는 것이다. 그렇지만 이것으로는 상대의 죽도에 확실히 닿을 수가 없다.

　결국 그 중간을 취해서 비스듬히 위로 뿌리쳐 올리는 것이 좋지만, 더욱 이상적인 것은 직선적으로 뿌리쳐 올리기보다 원호(円弧)를 그리는 것 같은 코스로 죽도를 돌리고 가장 볼록해진 지점에서 상대의 죽도를 뿌리쳐 올려 그대로 치켜올리는 것이다. 요컨대 뿌리쳐 올린 죽도 운동의 종점이 다음에는 내리치는 죽도 운동의 기점(起点)이 되어 뿌리친 죽도가 금방 치는 죽도로 변신하게 되는 것이다.

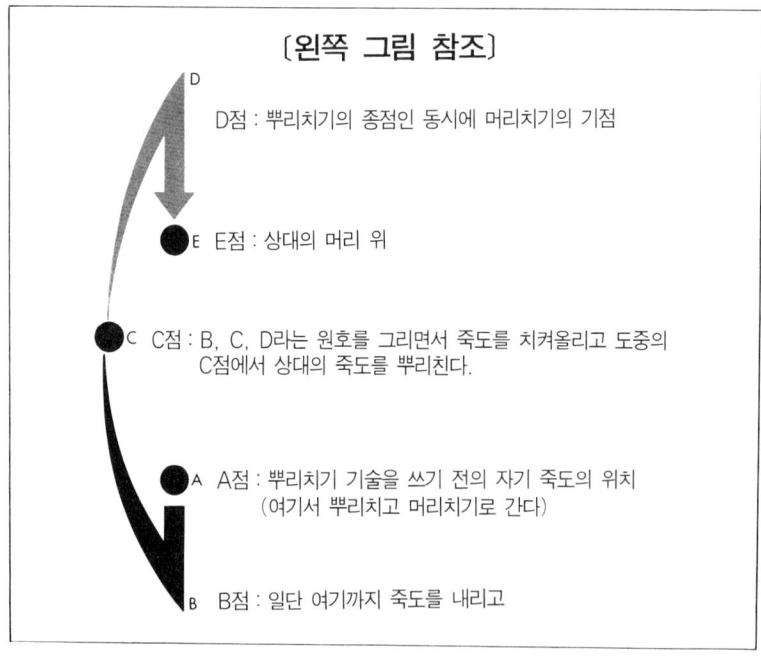

〔왼쪽 그림 참조〕

D점 : 뿌리치기의 종점인 동시에 머리치기의 기점

E점 : 상대의 머리 위

C점 : B, C, D라는 원호를 그리면서 죽도를 치켜올리고 도중의 C점에서 상대의 죽도를 뿌리친다.

A점 : 뿌리치기 기술을 쓰기 전의 자기 죽도의 위치
　　　(여기서 뿌리치고 머리치기로 간다)

B점 : 일단 여기까지 죽도를 내리고

기력으로 적극적으로 치고 나간다 103

◆ 원호(円弧)를 노리고 죽도를 치켜올리면서 방해가 되는 상대의 죽도를 뿌리친다.

◆ 오른발을 올린 순간에 상대의 죽도를 뿌리쳐 올리고 그 발을 앞으로 내딛는 것과 동시에 머리를 친다.

오른발을 약간 올렸을 때 죽도를 뿌리치고 내딛었을 때 친다. 보통의 격타는 일족일도(一足一刀)라고 해서 한 걸음 내딛는 것과 동시에 격자한다. 이것은 발과 팔의 운동만으로 보면 발을 올렸다 내리는 동작에 맞추어서 손도 올렸다 내린다는 두 가지 동작으로 일관되어 있다.

그러나 뿌리치기 기술은 발을 올렸다 내리는 두 가지 동작으로 좋지만 손은 올리고, 뿌리치고, 내리는 세 가지 동작을 하지 않으면 안 된다. 결국 발과 손이 2 대 3의 움직임을 하는 셈이 된다. 그렇지만 이대로는 손과 발의 균형이 깨져버려 부조화(不調和)로 되는 것은 명백하다.

그럼 어떻게 하는가? 손의 동작을 두 가지로 할 필요가 있다. 즉 올리면서 뿌리치고, 내리는 것이다. 이렇게 하면 손과 발이 일치한다. 그렇게 되면 뿌리치는 타이밍은 발이 올라갈 때가 된다. 다시 말해서 뿌리치는 타이밍은 내딛는 오른발이 올라간 정점 가까이 되어야 이상적이다.

다만 여성이나 어리고 기술적으로도 미숙한 사람이나 하체의 탄력이 약한 사람이 이 방법으로 치면 그 격자가 상대에 닿지 않는 수가 있다. 그런 사람은 한 걸음 나가서 뿌리치고 다시 한 걸음 나가서 치는 2템포로 하면 편해진다.

요컨대 이 뿌리치기 기술은 매우 리드미컬한 기술이기 때문에 우선 리듬을 타는 것이 중요하며 그 리듬을 잘 익힐 때까지 연습해야 한다.

4. 의표를 찌르는 어깨칼 기술

야구 방망이를 오른손에 들고 무심코 어깨에 메어본다. 대부분의 사람들은 오른쪽 어깨로 가지고 갈 것이다. 그것을 굳이 왼쪽 어깨에 메고 오른손 밑에 왼손을 둔다. 그리고 배트를 죽도로 바꾸어 든다. 이것으로 훌륭하게 검도에서 '어깨칼 기술'의 모양이 되었다. 언뜻 보아서 유머러스하게 보인다. 검도에도 이런 폼이 있었던 것이다.

그렇지만 머리, 손목, 허리, 찌르기도 텅 비어서 방어라는 점에서 보면 허점투성이로 되어버린다. 본래 검도는 어떻게 틈을 보이지 않도록 하느

◆ 의표를 찔려 상대는 완전히 자세가 허물어진다.

① 두 사람 다 중단세

② 어깨칼 자세로 들어간다.

③ 어깨칼 자세 완료

④ 머리를 향해서 뻗는다.

냐가 포인트의 하나이기 때문에 이 '어깨칼 기술'은 특이한 기술이라고 하지 않을 수 없다. 이 기술을 쓰는 사람이 매우 적고 시합에서도 그다지 볼 기회가 없는 것은 역시 '특이한 기술'이기 때문일 것이다.

그렇지만 특이하기 때문에 기회를 타고 이 기술을 썼을 때 상대는 깜짝 놀라서 자세가 흐트러져 뜻하지 않는 성공을 기대할 수 있다.

기술로서의 효과는 의외로 높다. 위험도가 높은 반면, 타이밍에 맞춰 과감하게 쓰면 주효(奏效)한다. 이 점에서는 야구의 스퀴즈와 매우 비슷하다.

다시 말해서 연습이나 시합 도중에 의표를 찔러 죽도를 아주 조금 탄력을 주어 큰 동작으로 왼쪽 어깨에 거의 수평이 될 정도로 메는 동시에 가볍게 한 걸음 앞으로 나간다. 왼쪽 주먹은 가슴 앞으로 오고 오른쪽 주먹이 턱 앞 부근에 온다. 거기서부터 과감하게 오른발을 내딛고 상대의 머리를 치는 것이 '어깨칼 머리치기'다. 손목이나 허리를 칠 때는 오른발을 내딛지 않고 가벼운 걸음으로 크게 앞으로 나아간다.

머리치기를 할 때 크게 내딛고 치는 데 비해 손목치기와 허리치기의 경우는 가벼운 걸음으로 치는 것이다. 찌르기 기술은 없다고 해도 좋을 것이다.

상대의 자세나 동작을 잘 보고 있다가 '이때다!'라고 생각되면 과감하게 어깨칼 기술을 쓴다.

중단세의 상대에게는 자주 성공하며 이쪽의 머리치기에 대비해서 되받아치기로 허리를 공격하려고 하는 상대에게 효과가 있다. 자세나 움직임을 잘 보고 '이때다!' 하고 생각하면 과감하게 치고 나가야 한다. 어느 쪽도 '어깨칼 손목치기'가 성공하기 쉽지만 과감하게 머리로 뻗는 것도 재미있을 것이다.

그렇지만 '어깨칼 기술'의 효과가 아주 큰 때는 시작한 순간이라든가 제자리로 돌아간 직후이다. 상대가 잠깐 긴장을 풀었을 때야말로 큰 기회인 것이다.

왼쪽 어깨로부터 비스듬히 일직선으로 상대의 머리나 손목, 허리를 노린다. 왼쪽 어깨에 멘 죽도를 일단 머리 위로 번쩍 쳐든 다음에 치는 것

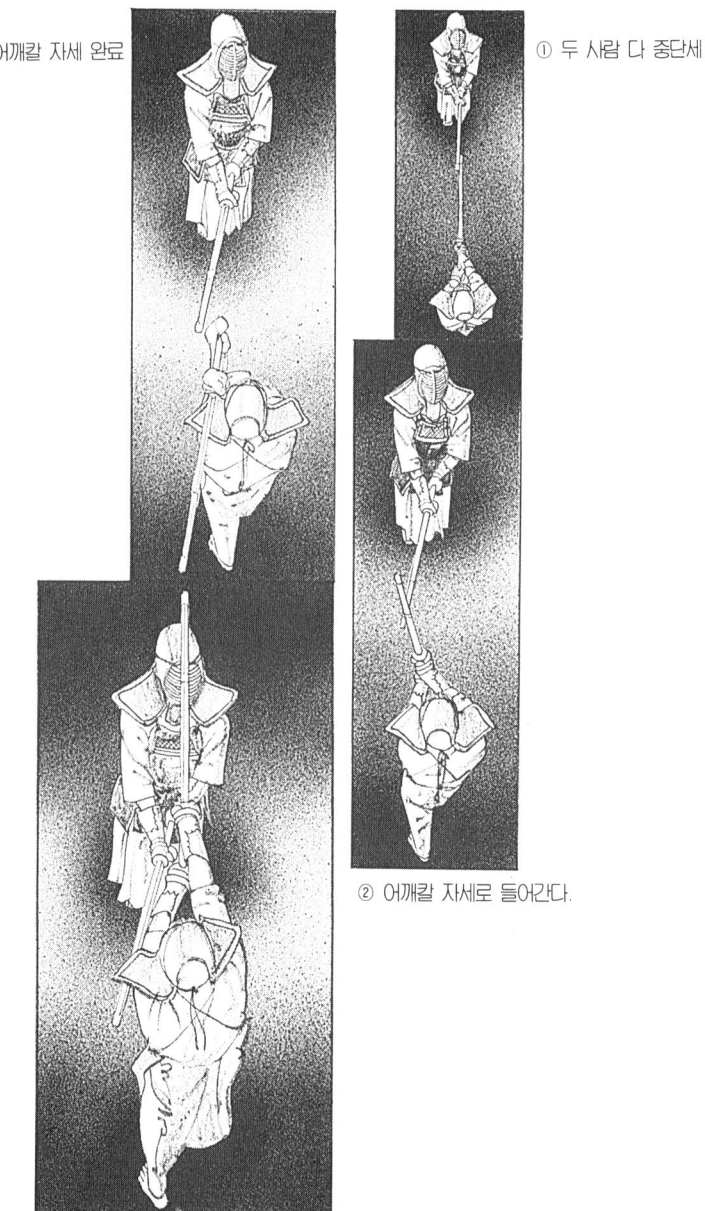

③ 어깨칼 자세 완료

① 두 사람 다 중단세

② 어깨칼 자세로 들어간다.

④ 왼쪽 어깨 위로부터 상대의 머리로 비스듬히 일직선으로 죽도를 뻗는다.

◆ 상대가 움직이려고 할 때나 머리를 치려고 할 때의 어깨칼 기술은 무모한 일이다.

이 아니다. 약간 몸이 왼쪽으로 기우는 듯하게 한다. 그렇지만 허리를 구부리면 안 된다. 다른 기술은 모두 머리 위로부터 죽도를 내리치지만 이 '어깨칼 기술'은 왼쪽 어깨 위로부터 비스듬히 일직선으로 죽도를 내리치는 것이다.

이때 상대측에서는 방어하기 어려운 두 가지 점을 생각할 수 있다. 하나는, 보통 같으면 중심선을 따라서 뻗어오는 죽도를 잘 처리하기만 하면 되었지만, 갑자기 비스듬히 위로부터 공격당하기 때문에 익숙하지 않은 코스를 막지 않으면 안 된다는 불안이다. 또 하나는 대응한다 하더라도 타이밍을 맞추기가 어렵다는 점이다. 어깨에 메고 거기서 한 템포 사이를 두었다가 치고 나오기 때문에 방어의 타이밍이 어긋나는 것이다. 다시 말해서 그때까지는 상대의 빠른 격자에 맞추어서 방어하고 있었는데 갑자기 한 템포 늦게 죽도가 뻗어오기 때문에 그만큼 방어의 타이밍을 놓치게 된다. 야구에서 말하자면 속구에 맞추어서 기다리고 있던 타자가 포크 볼로 타이밍이 어긋나서 헛치는 것과 같다.

이쪽이 움직이려고 할 때를 기다리고 있는 상대에게 '어깨칼 기술'은 금물이다. 상대가 이쪽이 움직이려고 할 때 기술을 쓰겠다는 생각을 하고 기회를 엿보고 있다고 생각하면 절대로 '어깨칼 기술'을 써서는 안 된다. 만약 강행하면 죽도를 멘 순간에 꼼짝 못 하게 되고 만다.

반대로 긴장해서 딱딱하게 굳어져 있는 상대에게는 효과가 크다고 할 수 있다. 성공할 확률은 거의 100%에 가까울 것이다.

상대의 자세나 동작에서부터 마음속까지 잘 읽고 이 기술의 특색을 발휘시켜야 한다.

5. 편수기술(片手技術)은 강력한 무기

편수기술이라고 하면 왼쪽 한손으로 치는 우면 머리(줄여서 옆 머리라고 한다)와, 마찬가지로 왼쪽 한손으로만 찌르는 한손 찌르기를 말한다. 그 밖에도 오른손 한손으로 치는 정면 머리치기와 좌면 머리치기 등이 있지만 거의 쓰는 일이 없기 때문에 옆 머리와 한손 찌르기만 설명하기로 한다.

국민학생이나 중학생, 완력이 없는 여성 등은 제외하고 고교생 이상으로 3단 이상의 실력이 있는 사람은 이 편수기술을 익혀두면 매우 유리하다.

특히 한손 찌르기는 꼭 마스터해두기 바란다. 왜냐하면 상대가 상단세나 두 개의 죽도를 쓸 경우 이 한손 찌르기가 유력한 공격 수단이 되기 때문이다 (이것에 대해서는 제7장의 '상단세에 대한 전략'에서 상세하게 설명한다). 반대로 상단세나 두 개의 죽도를 발휘한 사람의 입장에서 말하자면 상대에게 한 손 찌르기가 없다는 것만큼 편한 일은 없을 것이다.

또 옆 머리치기를 마스터하고 있다는 것은 아주 유리하다는 것을 의미한다. 예를 들면 찌르기를 장기로 가지고 있는 사람과 대전했을 때 이쪽에 옆 머리라는 무기가 있다고 하면, 상대는 대개 찌르기를 하지 않는다. 찌르는 사람에게 있어서는 옆 머리치기가 가장 무섭기 때문이다. 다시 말해서 옆 머리치기가 장기는 '찌르기 봉쇄'가 된다.

모든 공격 기술 중에서 가장 먼 곳에서부터 공격할 수 있는 것이 한손 찌르기이다.

기력으로 적극적으로 치고 나간다 111

◆ 박력이 넘치는 한손 찌르기

가령 한손 찌르기를 했다면 그때 오른발은 한 걸음 앞으로 내딛고 있을 것이다. 오른손은 떼고 왼손으로 죽도의 칼자루 끝을 쥐고 최대한으로 뻗고 있다. 그리고 죽도 끝은 상대의 목 부분에 닿아 있다.

이것을 다른 격자와 비교해보자. 예를 들면 머리치기이다. 한 걸음 내딛는 것은 한손 찌르기와 같지만 죽도는 양손으로 쥐지 않으면 안 되기 때문에 죽도의 칼자루 길이만큼 한손 찌르기의 경우가 리치가 더 긴 셈이 된다.

다음에 머리를 쳐서 유효로 만들기 위해서는 죽도의 유효격자부로 치지 않으면 안 되기 때문에 죽도 끝으로 찌르는 경우에 비해서 끝에서 유효격자부까지의 길이만큼 차이가 난다.

결국 한손 찌르기는 머리치기보다도 죽도의 칼자루 길이(약 35cm)에 끝에서부터 유효격자부까지의 길이(약 20cm)를 합친 합계 55cm나 공격

◆ 머리치기와 한손 찌르기에서는 죽도의 칼자루 길이와 끝에서부터 유효격자부까지를 합친 것만큼의 리치의 차이가 있다.

의 다리가 긴 셈이 된다. 손목치기나 허리치기에 비해서도 이 리치의 차이는 분명하다(리치의 차이로 한손치기 다음으로 유리한 것은 옆 머리치기 및 상단세로부터의 한손 머리치기이다).

이처럼 한손 찌르기는 다른 머리치기나 손목치기, 허리치기에 비해서 약 55cm나 긴 리치의 차이로 싸울 수가 있기 때문에 유리한 기술이라고 할 수 있다. 유리한 것을 알고 있으면서 왜 한손 찌르기를 쓰는 사람이 적은 것일까?

이유는 간단하다. 찔러도 좀처럼 맞지 않기 때문이다. 이것에도 역시 이유가 있다. 그것은 찌르는 목표가 작다는 것과 상대가 바른 중단세를 취하고 있으면 그 죽도가 방해가 되기 때문이다(그렇기 때문에 죽도가 방해하지 않는 상단세나 두 개의 죽도로 공격하는 데 유리하다고 할 수 있는 것이다).

그렇지만 가장 큰 이유는 찌르는 본인의 노력 부족에 있다. 한손 찌르기의 연습과 연구 부족이다. 평소 그다지 연습을 하지 않았기 때문에 시합에 설 자신이 없다. 더구나 만약 실패하면 상대에게 한 판 뺏기고 만다는 불안감이 앞서기 때문에 한손 찌르기를 쓰지 않는 사람이 많은 것이다. 다시 말해서 더 한손 찌르기를 공부해야 한다.

찌를 때는 충분히 허리를 넣고 죽도를 안쪽으로 비틀어 박듯이 하고 찔러야 한다. 특히 한손 찌르기는 허리를 충분히 넣는 것이 중요하다. 엉거주춤한 자세로는 안 된다. 그리고 허리를 넣기 위해서는 찌르는 순간 오른발을 날카롭게 될 수 있는 대로 앞으로 한 걸음 내딛어야 한다. 왼손과 오른발이 앞으로 나감으로써 균형이 유지되어 하반신이 안정된다. 하반신이 안정되어 있지 않으면 죽도의 방향이 불안정해져서 목표를 정확하게 찌를 수 없다.

다음으로 왼손은 그저 앞으로 내는 것이 아니라 안쪽으로 비틀어 박듯이 한다. 중단세에서 바로 위를 향하고 있던 엄지손가락의 손톱이 찌를 때는 오른쪽 옆으로 향하도록 하고 최종적으로는 손목을 안쪽으로 45도 회전시키듯이 하는 것이다. 똑바로 찌르는 것이 아니라 도려내듯이 찌른다. 왜 그렇게 하느냐 하면 그렇게 함으로써 죽도가 목표로 향해서 똑바로 날아가기 때문이다

이것은 물리적으로도 입증되고 있다. 가장 좋은 예는 권총이나 소총, 혹은 대포의 구조이다. 이것들은 모두 발사했을 때 탄환이 목표를 향해 똑바로 날아가도록 총신(銃身) 혹은 포신(砲身) 안쪽에 우회전의 나선형 홈이 파여 있다. 이것에 의해서 발사된 탄환은 우회전하게 되고 탄환 자체가 우회전하면서 날아가는 것이다.

이것을 스포츠에 응용하는 것이 미식 축구의 포워드 패스(앞 패스)이며 럭비 공을 멀리 던질 때 손목을 틀어서 공에 우회전을 줌으로써 공이 우회전하면서 목표를 향해 날아가는 것이다.

찌르기의 목표는 매우 작기 때문에 조금이라도 맞지 않게 되고 만다. 그래서 죽도에 우회전을 주어 똑바로 가도록 하는 것이다.

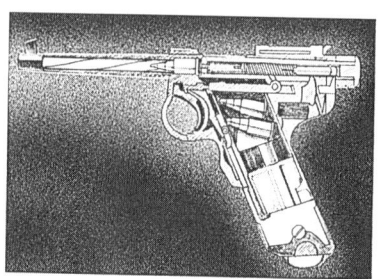
◆ 총신에는 나선 홈이 새겨져 있다.

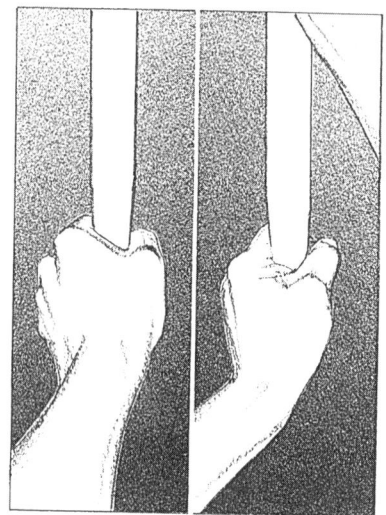
◆ 죽도를 안쪽으로 45도 비틀어 박듯이 하고 찌른다.

그 다음은 연습하기 나름이다. 머리치기나 손목치기의 연습 횟수와 같이하면 금방 잘 찌를 수 있게 된다.

한손 옆 머리치기는 코스와 균형과 타이밍이 중요하다. 한손 찌르기는 한손으로 죽도를 조작한다고는 하더라도 똑바로 찌르는 것뿐이기 때문에 특별히 완력이 강하지 않으면 안 된다는 이유는 없다. 그렇지만 옆 머리를 치는데는 상당한 완력을 필요로 한다. 양손으로 죽도를 쥐어도 빠르고 날카롭고 정확하게 휘두르는 것은 상당히 곤란하다. 그것을 한손으로 죽도의 맨 끝을 쥐고 날카롭고 빠르게, 더구나 목표에 오차없이 날아가게 해야 하기 때문에 상당히 어려울 것이다.

우선 첫째로 완력과 근력, 악력(握力)이 보통 사람 이상으로 강하지 않으면 안 된다. 특히 오른손잡이에게는 왼손으로 죽도를 정확하게 조작하는 것은 매우 어려운 일이라고 할 수 있다. 악력은 오른손보다 왼손이 더 강할 정도로 만들어두어야 한다.

그렇지만 이것도 훈련하기 나름이다. 기술이 아니기 때문에 선천적으로 완력이 좋은 사람은 이미 조건을 충족시키고 있으며 그렇지 않는 사람도 왼손만으로 죽도를 가뿐히 휘두를 수 있게 될 때까지 근육을 단련하면 되

 한손 옆 머리치기

는 것이다. 그것을 할 수 있게 되면 그 다음은 죽도를 휘두르는 코스를 익히는 것과 쳤을 때 균형을 안정시키는 방법을 몸에 익히고 그 위에 치는 타이밍을 잡을 수 있게 되면 옆 머리치기는 완성이다.

우선 죽도를 휘두르는 코스를 검토해보기로 한다. 이상적인 코스를 발견하는 것은 간단하다. 좌우 머리의 퇴격격자 코스를 생각하기 바란다. 양손으로 하는 이 퇴격격자 중 우면 머리치기의 코스가 옆 머리치기의 코스이다. 양손으로 죽도를 얼굴 앞까지 가지고 오고, 거기서 오른손을 뗀다. 왼손은 왼쪽 귀 옆까지 치켜올리고 거기서부터 좌우면 머리를 칠 경우에 뻗는 코스를 따라서 죽도를 뻗으면 되는 것이다.

나쁜 예는 왼손이 귀에서 떨어져서 왼쪽 어깨 위로 흐르고 거기서부터 큰 원호(円弧)를 그리며 죽도를 옆에서 때리는 식으로 휘두르는 것이다. 이렇게 크게 옆에서 때리는 식으로 휘둘러서는 안 된다. 상대가 간단히 방어해버린다. 퇴격격자와 마찬가지로 45도 각도로 날카롭게 휘두르는 것이 중요하다.

다음은 균형이다. 균형은 죽도에서 뗀 오른손을 오른쪽 허리 근처에 붙임으로써 유지한다. 오른손이 몸에서 떨어져 공중유영(空中遊泳)하는 것처럼 되면 균형이 깨져 죽도는 정확하게 날아갈 수 없다.

마지막으로 타이밍인데 이것은 몰아넣고 옆 머리를 치는 경우와 상대로부터의 손목치기를 피하고 몸을 펴면서 옆 머리를 치는 경우와는 조금 다르다. 전자(前者)는 공격기술의 타이밍, 특히 손목치기나 머리치기의 타이밍과 비슷하며 후자는 응수기술, 특히 손목치기를 끝내고 머리를 치는 타이밍이라고 기억해두면 좋은 것이다.

그렇지만 한손 찌르기의 경우와 마찬가지로 옆 머리의 연습과 연구는 다른 격자 연습보다 질적, 양적으로 모두 적은 것이 현실이다. 평소 옆 머리치기의 연습을 하고 있지 않기 때문에 옆 머리를 칠 기회가 없다. 따라서 자신이 없게 되는 것이다. 아무튼 되풀이해서 연습해야 한다.

6. 공격의 패턴을 만든다

지금까지 설명해온 여러 가지 공격법은 그것 자체가 위력도 있고 효과도 매우 크다. 그렇지만 한편으로 상대의 수비도 견고해지고 있기 때문에 반드시 전부 성공한다고는 생각할 수 없다. 그렇다고 한다면 어떻게든지 해서 성공률을 높게 만들어야 할 것이다. 그래서 생각할 수 있는 것이 '공격의 포메이션' 또는 '공격의 패턴'이라고 부르는 것이다.

단독 공격을 몇 개 짜맞추어서 복잡하게 만들어 상대가 방어하기 어렵게 한다든가, 양동작전(陽動作戰)에 의해서 이쪽의 의도를 읽지 못하게 한다든가, 공격하기 직전에 상대를 혼란시켜 그 허를 찌른다는 등, 여러 가지 수단을 강구한다.

몇 가지 예를 들어보기로 한다.

상대를 역 동작에 빠뜨리고 그 허를 찌른다. 역 동작이 되면 대단히 막기 어렵다. 예를 들면 찌르기를 해서 상대의 주의를 혼란시키고 그 틈에

기력으로 적극적으로 치고 나간다 117

◆ 격렬한 공격

손목을 친다고 하자. 기술로서는 '찌르기—손목치기'의 2단기술과 비슷하다.

그렇지만 정확하게 2단기술이라고 할 경우 확실하게 찌르고 그것이 성공하지 않을 때 손목을 친다는 것이며 찌르기 기술과 손목치기 기술의 두 가지를 연속해서 하는 기술을 말한다. 그렇지만 일례로 든 이 '찌르는 것처럼 보이다가(이때는 왼쪽 눈을 노린다) 손목을 친다'는 것은 2단기술과 동작은 같지만 원래 검도에는 눈을 찌르는 일이 없기 때문에 기술로서는 성립되지 않는다. 눈은 면금부로 완전히 지켜지고 있기 때문에 안전하다. 다시 말해서 상대측으로서도 목 부분에 대한 찌르기에는 조심하고 있어도 눈까지는 주의를 하지 않고 있다. 그곳을 갑자기 찌르고 나오기 때문에 상대는 본능적으로 눈을 감거나 죽도를 뿌리치려고 한다. 실제로는 눈을 찔리는 일은 있을 수 없으며, 또 면금부를 찔려봤자 유효격자는 되지 않기 때문에 자세를 무너뜨리고 방어할 필요는 없다.

그렇지만 눈앞으로 뭔가 뛰어들어오면 순간적으로 방어하는 본능이 앞

① 두 사람 다 중단세

② 왼쪽 눈을 찌르듯이
죽도를 뻗는다.

상대는 몸을 뒤로 젖히든가
죽도를 휘둘러서 막는다.

③ 상대의 자세를 무너뜨린다

④ 자세가 허술한 상대의
손목을 친다.

서서 눈을 감는다든가, 머리를 흔든다든가, 죽도로 뿌리치는 동작을 하고 만다. 야구에서 익숙하지 않은 사람이 포수가 되어 팁볼이 되면 마스크를 쓰고 있기 때문에 안전한데도 눈을 감는다든가, 얼굴을 돌리는 것과 같다.

그것이 공격자가 노리는 바이다. 왼쪽 눈을 찔렸을 때 상대는 그것을 뿌리치기 위해 죽도를 크게 왼쪽으로 휘두르기 때문에 오른쪽 손목이 허술하게 된다. 이 손을 지키기 위해서는 죽도를 한 번 더 오른쪽으로 휘두르지 않으면 안 되고 결국 역동작이 되고 만다.

평소의 연습으로 페인트 전법을 철저하게 익힌다. 노도와 같은 기세로 상대를 코너까지 몰아넣고 그대로 단숨에 뛰어들어가 머리를 치는 장면을 시합에서는 자주 볼 수 있다. 마치 씨름 선수가 일어서자마자 단숨에 상대를 밀어붙여서 이기는 것과 비슷하다. 그렇지만 상대도 만만치 않아 도중에서 이것을 가로막고 상대가 앞으로 나오는 힘을 이용해서 잡치기로 역전승하려고 노린다. 돌진하는 쪽에는 여기에 위험한 함정이 있다.

사실은 검도에 있어서도 이것과 같은 말을 할 수 있다. 다시 말해서 코너로 후퇴하면서도 역전을 노리는 기술을 준비하고 있는 수가 많다. 그것은 '되받아 손목치기'이고 '되받아 허리치기'라는 기술 등이다. 공격측이 기세를 타고 단숨에 머리치기를 하려고 뛰어들어가면 기다리고 있었다는 듯이 방어측의 제물이 되고 말 것이다.

그러나 이런 장면에서 공격측이 확실히 이길 수 있는 방법이 있다. 한 호흡 둔 페인트 전법이 그것이다.

동작 그 자체는 아주 간단하다. 상대를 코너로 몰아붙인 다음에는 그 기세대로 머리로 뻗는 동작을 일단 보인다. 그렇게 하면 그 스피드에 맞추어서 상대는 손목이나 허리를 칠 반응을 보인다. 만약 공격측이 그대로 머리치기로 갔다고 하면 감쪽같이 방어측의 함정에 빠지게 될 것이다.

요컨대 일단 앞으로 나가는 기세를 참고 한 템포 둔 다음에 과감하게 머리로 뻗는 것이다. 상대는 기다리고 있던 '되받아치기'나 '되받아 허리치기'의 타이밍을 완전히 놓쳐 망설이는 순간에 머리치기를 당하는 결과가 되고 만다.

그렇지만 막상 그 입장이 되면 마음이 조급해져 있기 때문에 아무래도

① 코너로 몰아넣는다.

② 그 기세로 머리를 치는 동작을 한다.

③ 한 템포 늦춘 다음에

④ 머리를 향해서 뻗는다.

뛰어들면서 치는 자세가 멋지게 성공했다.

기세가 붙은 상태 그대로 머리로 뻗어버리는 일이 많다. 더구나 긴박한 공방 속에서 이 전법을 생각해낼 여유가 없다는 실정일 것이다.

'이런 때는 이런 전법으로…….' 하고 머리 속에 넣어두는 것이 아니라 평소의 연습에서 가끔 전법을 시용(試用)해서 몸에 익혀두어야 한다. 이치로 이해하고 있어도 시합 중에 발끈해서 머리 속이 텅 비었을 경우에는 아무 쓸모도 없다. 그 점을 몸으로 익혀두면 설사 머리 속이 텅 비었을 때라도 그대로 움직여주는 법이다.

공격의 조립을 생각한다. 검도라는 것은 아무리 힘있게 죽도를 휘둘렀다 하더라도 번번이 이길 수 있는 것이 아니다. 그것은 다른 스포츠에서도 마찬가지이다. 상대가 있기 때문에 이쪽 뜻대로 되지 않는 것이 당연하다. 그렇지만 그것을 어떻게든지 해서 득점으로 결부시켜서 승리를 얻지 않으면 안 된다. 그래서 생각해내는 것이 공격의 패턴이니 포메이션이니 하는 전법, 다시 말해서 공격의 조립이다.

야구를 예로 들면 선두 주자가 히트나 4구(球), 혹은 상대의 실수로 1루로 나갔다고 한다. 그리고 다음 타자와의 사인 플레이로 번트나 히트 앤드 런, 도루 등을 성공시켜 2루로 나간다. 다시 다음 타자의 히트로 홈

인해서 득점한다. 이것이 야구에서의 하나의 득점 패턴이다.

  축구, 럭비, 배구, 농구 등의 스포츠에도 이처럼 득점을 올리는 여러 가지 전법이 있다는 것은 다 아는 바와 같다. 대체로 단체경기에 자주 나타나지만 씨름, 유도, 권투, 레슬링 등 개인 경기에서도 각각 전법이 있는 것이다.

  그리고 당연히 검도에도 있다. 일례를 들어 설명해보기로 한다. 자기는 뛰어들면서 허리치기에 자신이 있다고 하자. 그리고 가능하면 뛰어들면서 허리치기로 한 판을 먼저 뺏고 싶다고 생각하고 그 기회를 기다리고 있다고 하자. 여기서 잊지 말 것은 오로지 기다리는 것이 아니라 뛰어들어갈 기회가 생기도록 노력하는 것이다.

  우선 상대의 관심을 머리 수비로 돌리도록 머리를 노리고 공격을 한다. 그것도 단조로워지지 않도록 뛰어들면서 머리치기, 뿌리치고 머리치기, 손목, 머리치기 등 변화를 주어서 행한다. 그리고 상대의 주의가 완전히 상부로 집중했을 때를 잘 보아서 뛰어들면서 허리치기를 강타하는 것이다. 반드시 성공률이 높을 것이다.

  중요한 것은 최후의 공격을 성공시키기 위한 이중공격을 교묘하게 치고 그 효과를 이용해서 한 판 뺏는 것이다.

  검도에서는 상대를 공격하는 하나하나의 기술에 각각 의미가 있지 않으면 안 된다. 앞뒤 관련도 없이 즉흥적으로만 머리를 친다든가, 손목을 친다든가 해서는 승리로 결부되지 않을 뿐만 아니라 상대의 반격을 당해서 어이없이 패하고 만다.

  한 가지 기술이 다음 기술의 위력을 증가시키고, 그 위력이 다시 다음 공격을 성공시킨다. 마치 하나하나의 공격 기술이 하나의 실에 연결되어서 흘러가듯이 되는 것이 좋다.

제 6 장 감각을 연마해야만 예리한 응수기술로 된다

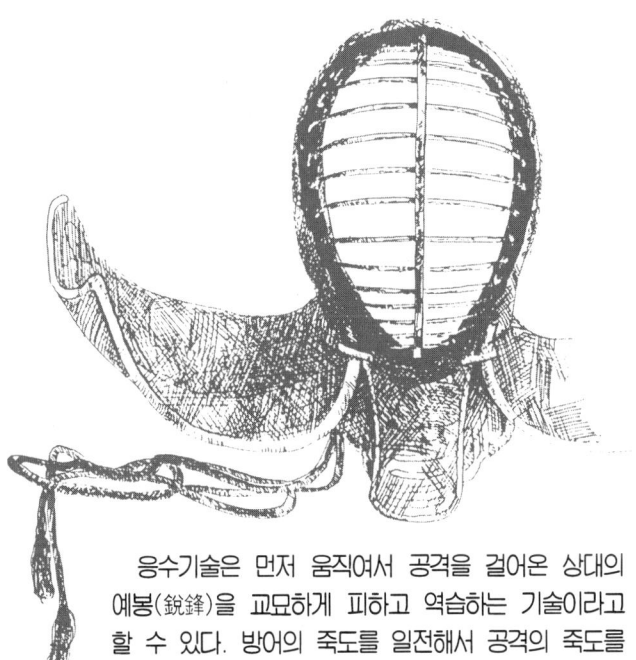

　응수기술은 먼저 움직여서 공격을 걸어온 상대의 예봉(銳鋒)을 교묘하게 피하고 역습하는 기술이라고 할 수 있다. 방어의 죽도를 일전해서 공격의 죽도를 만드는 것이기 때문에 흐리멍덩한 기분으로는 절대로 성공하지 못한다. 소위 면도칼같이 예리하지 않으면 효과가 없다. 즉 '기술의 감각을 연마하는 것'이라고도 할 수 있다.

1. 비켜치기 기술의 비밀

비켜치기 기술에는 머리비켜 허리치기(상대가 머리를 치고 오는 것을 비켜서 허리를 친다), 머리비켜 머리치기, 머리비켜 손목치기, 손목비켜 손목치기, 손목비켜 허리치기 등의 종류가 있지만 대표적인 것은 머리비켜 허리치기이다. 생략해서 비켜 허리치기라고 부른다. 그 밖에도 여러 기술이 있지만 어렵기 때문에 드물게 쓰인다.

다시 말해서 연습이나 시합에서 상대가 머리를 치고 들어왔다고 가정하고 그 공격을 잘 비킬 수 있었다고 하자. 여기서 굳이 머리(머리비켜 머리치기)나 손목(머리비켜 손목치기)과 같은 어려운 곳을 치지 않더라도 가장 쉬운 허리치기를 하는 것이 자연스러우며 성공하기 쉽다.

그렇기 때문에 상대의 머리치기를 피하려면 우선 허리치기를 익히는 것이 중요하다. 일부러 어려운 손목치기나 머리치기를 할 필요는 없다.

그렇다고는 하지만 비켜 허리치기도 어려운 기술이라는 것을 반드시 인식해두는 것이 좋다. 다시 말해서 우선 상대의 공격(머리치기)은 허공을 치게 하지 않으면 안 된다. 더구나 헛치게 한다는 기술은 간단한 일이 아니다.

결론부터 먼저 말하면, 자기 머리를 향해서 날아온 상대의 죽도를 자기 머리에 닿지 않도록 하면서 헛치게 할 수만 있다면 비켜 허리치기는 거의 성공했다고 할 수 있다. 상대의 공격을 잘 비키면 비켜치기 기술을 성공한 거나 마찬가지라고 말했다.

그럼, 어떻게 하면 잘 피할 수 있을까?
- 공격하는 마음이 강하게 상대에게 전해지도록 한다(선수는 먼저 친다는 마음을 잃지 않는다).
- 항상 앞으로 나갈 자세를 유지한다(체중을 뒷발에 걸면 안 된다).
- 상대의 왼쪽 겨드랑이 밑을 스쳐 지나가듯이 하면서 빠져나간다(자기 몸을 상대에게로 돌리면 안 된다. 어디까지나 스쳐 지나가는 자세로 한다).

감각을 연마해야만 예리한 응수기술로 된다

◆ 마주 스쳐 지나가면서 상대의 오른쪽 허리를 친다.

◆ 상대의 죽도는 완전히 허공을 치고 깨끗하게 비켜 허리치기가 성공한다.

　이런 주의를 명심하면 잘 피할 수 있다. 상대의 머리치기를 기다리는 자세가 되면 이 기술은 성공하지 못한다.
　다음에는 마음뿐만 아니라 실제로 상대의 가슴을 찌를 정도로 죽도 끝에 힘을 주고 조금 앞으로 내민다. 그렇게 하면 상대는 이쪽의 공격하려는 박력에 지면 안 된다고 힘을 내어 머리를 향해 뛰어들어온다. 그 기회를 놓치지 않고 몸을 낮추고(오른발을 오른쪽으로 비스듬히 크게 내딛으면 자연히 몸이 낮아진다), 마주 스쳐 지나가듯이 앞으로 나가면 상대의 죽도는 허공을 치게 되어 잘 피할 수 있게 된다.
　죽도는 최단거리의 코스를 통과하게 한다. 모처럼 상대의 머리치기를 비켜서 헛치게 하면서도 그 뒤처리가 서투르기 때문에 허리치기에 성공하지 못하는 사람이 의외로 많다. 머리비켜 허리치기라는 기술 중에서 어려운 피하기는 잘하면서 쉬운 허리치기를 하지 못한다는 것은 조금 이해하기 어려운 현상이지만 실제로는 그런 사람이 많다.

감각을 연마해야만 예리한 응수기술로 된다 127

◆ 기백으로 상대를 압도하고 상대가 동요하자마자 죽도를 상대의 가슴 부위로 내민다.

◆ 상대는 참다 못 해 머리치기로 나오려고 죽도를 쳐든다. 그때 몸을 낮추어서 허리를 친다.

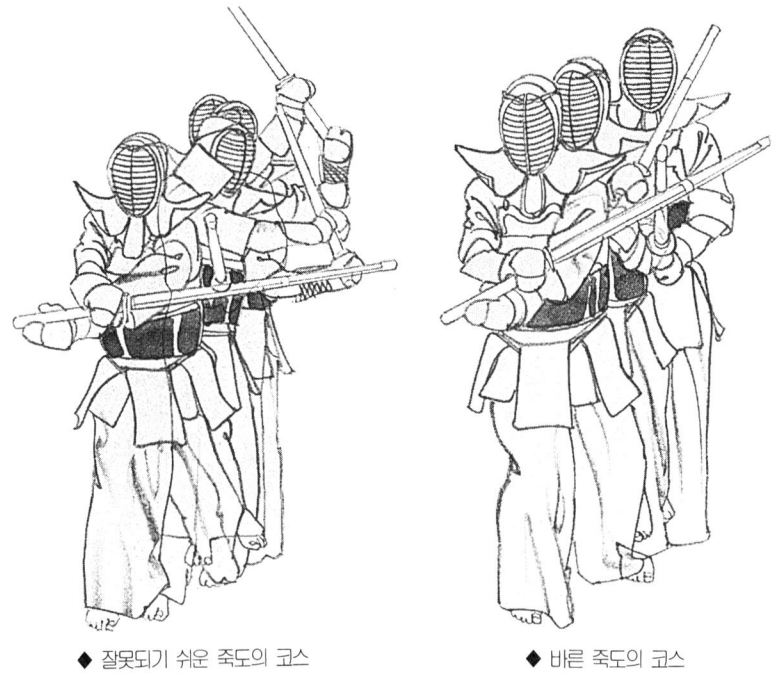

◆ 잘못되기 쉬운 죽도의 코스　　　　◆ 바른 죽도의 코스

　그리고 그런 사람들이 저지르고 있는 잘못의 대부분은 죽도를 통과시키는 코스가 잘못되어 있기 때문이다. 비켜 허리치기는 그림과 같이 최단거리를 통과하게 하는 것이 포인트이다.
　허리치기는 오른손만으로 치고 왼손은 위로 뻗으면서 곁들인다. 우선 허리치기는 오른손만으로 치는 법이라고 생각해야 한다.
　왼손은 절대로 세게 쥐지 않고(부드럽게 쥔다) 위로(코등 쪽으로) 뻗어서 오른손에 곁들이는 것만으로 좋다. 그렇게 하지 않으면 정확하게 손을 뒤집을 수 없다.
　또 허리를 치기 위해서는 죽도를 수평으로 휘둘러야 하기 때문에 수직으로 쥐고 있던 좌우 손을 뒤집을 필요가 있다. 뒤집는다는 것은 지금까지 왼쪽을 향하고 있던 오른손 손바닥을 바로 밑으로 향하도록 하고 오른쪽을 향하고 있던 왼손 손바닥을 바로 위로 향하도록 팔꿈치와 손목 관절을 오른팔은 내전(內戰)시키고 왼팔은 외전(外戰)시키는 것이다.

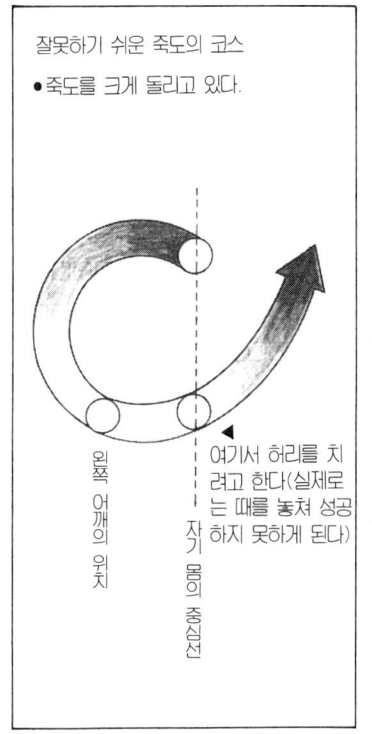 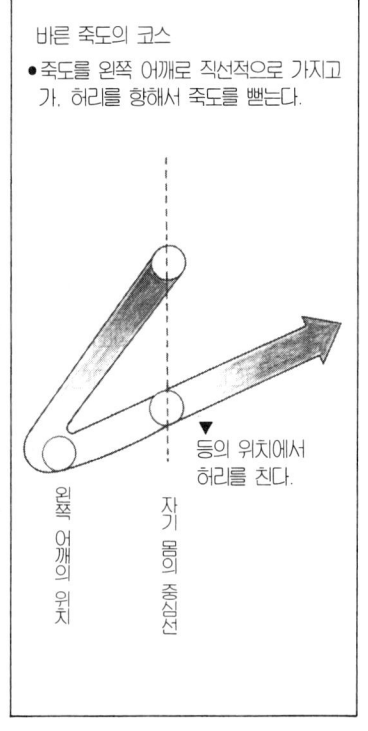

이 경우 왼손으로 너무 세게 쥐고 있으면 손목을 뒤집을 때 브레이크가 되며 게다가 칼자루 끝을 쥔 채로는 날카롭게 뒤집는 것이 곤란해진다. 왼손은 아무래도 코등 방향으로 뻗어서 오른손에 붙이도록 할 필요가 있다.

마주 스쳐 지나가는 순간에 친다. 그림에서처럼 허리는 마주 스쳐 지나가는 순간에 치는 것이 중요하다.

'마주 스쳐 지나간다'는 것은 상대의 겨드랑이 밑을 빠져나간다는 것이다. 이렇게 하지 않으면 상대에게 부딪혀서 쓰려져버릴 위험성이 다분히 있다. 그렇다고 해서 상대로부터 멀리 달아나면 상대의 허리를 세게 칠 수가 없게 된다.

따라서 상대의 머리치기를 피할 경우에는 그 옆으로 뛰어들어가는 편이 성공률도 높고 동시에 안전하다고 할 수 있다.

◆ 왼손을 위로 뻗어 겉들이고 좌우의 손을 날카롭게 뒤집고 친다.

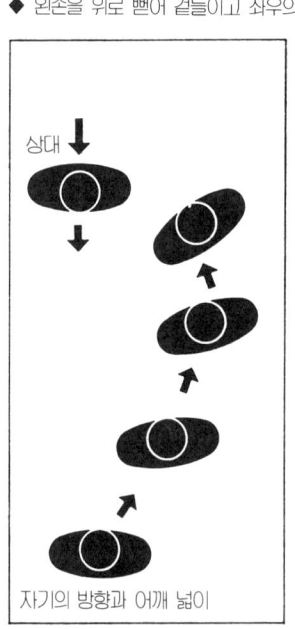

비켜 허리치기에서의 바른 몸의 움직임

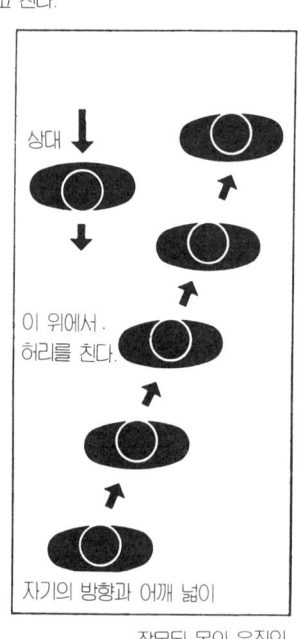

잘못된 몸의 움직임

2. 퇴격기(退擊技)를 장기로 한다

'퇴격기'의 '퇴격'이라는 것은 '응수퇴격'을 의미하며 '응수' 부분을 생략한 것이다. 그 '응수'란 치고 들어온 상대의 죽도를 자기 죽도로 받는 것을 말한다. 따라서 '(응수) 퇴격기'는 상대의 죽도를 받는다는 동작과 퇴격(반격)한다는 두 가지 동작이 결합되어 있는 것이다.

검도뿐만 아니라 모든 운동에서 두 가지 혹은 그 이상의 동작을 결합해서 하는 경우가 매우 많은데 이런 복합 운동을 잘하고 못함은 두 가지를 어떻게 결합시키느냐 하는 테크닉으로 결정된다.

구체적으로는 다음과 같다.

◆ 상대의 머리치기를 퇴격하고 허리를 친다.

① 결합을 자연스럽게 한다(두 가지 동작이 마치 하나의 동작인 것처럼 한다).
② 역(逆)동작이 되지 않도록 결합시킨다.
③ 되도록 빨리 한다(결합에 의해서 스피드가 떨어지지 않도록 한다).
④ 정확하게 한다(결합함으로써 자세가 무너지지 않도록 한다).
그럼 어떻게 하면 좋을까?

상대의 죽도를 맞으러 가듯이 받는다. 야구에서 내야수가 공을 잡는 동작을 생각하기 바란다. 아마도 미리 글로브를 내밀듯이 하고 공을 기다리다가 포구(捕球)하기 직전에 글로브를 약간 자기 쪽으로 당기듯이 하고 있음을 보았을 것이다. 즉 글로브로 공을 맞으러 가고 공이 글로브로 들어오기 직전에 그 글로브를 자기 쪽으로 당겨서 공의 힘을 감소시키고 있는 것이다.

그리고 포구한 공을 재빨리 1루로 던지지 않으면 안 된다. 그러기 위해서는 오른쪽 어깨 위까지 공을 가지고 갈 필요가 있다. 능숙한 내야수는 공을 글로브에 넣을 때, 공이 날아온 코스를 따라 글로브를 당기면서 공의 힘을 이용해서 서서히 코스를 바꾼다. 그리고 최종적으로는 어깨 위(사이드 스로의 경우는 몸의 측면)까지 공을 가지고 간다.

요컨대 공의 힘을 죽이면서 그 코스를 바꾸어 나가 자기가 가장 투구하기 쉬운 위치로 공을 가지고 가는 것이다.

이것은 내야수의 수비가 공을 표구하는 동작과 이 공을 즉각 1루로 송구하는 두 개의 동작이 결합되고 있다는 것을 예를 보여주고 있는 동시에 우수한 내야수는 결합이 스무드하며 역동작으로 되는 일도 없이 빠르고 정확하게 수행한다는 것을 증명하고 있다.

검도에서도 같다. '응수(야구에서는 포구 동작이 된다)'를 잘하기 위해서는 우선 뛰어들어오는 상대의 죽도를 자기 죽도로 맞으러 가는 것이 무엇보다도 중요하다. 그렇게 함으로써 상대 죽도의 힘을 죽이게 되어 그 코스를 쉽게 바꿀 수가 있게 된다.

상대 죽도의 코스를 자기 죽도로 유도해서 자기 왼쪽 어깨 위로 가지고 온다.

감각을 연마해야만 예리한 응수기술로 된다 133

◆ 야구의 내야수는 포구하기 직전에 글로브를 약간 자기 쪽으로 당긴다.

상대가 머리를 치러 들어오는 경우의 코스는 물론 자기 머리 위이다. 이것을 응수 퇴격해보자.

우선 상대 죽도를 맞으러 자기 죽도로 반쯤 가다가 자기 쪽으로 끌어들이듯이 하면서 받아 상대 죽도의 힘을 반쯤 죽인다. 다시 남은 반의 힘을 이용하면서 자기 왼쪽 어깨 위로 유도하듯이 해서 코스를 바꾸어준다. 이것으로 상대의 죽도는 자기 머리 위로부터 벗어났다.

그렇게 해놓고 이번에는 자기 죽도를 즉각 유(U)턴시켜 상대의 허리를 치는 죽도로 바꾼다.

유(U)턴은 정확히 손을 뒤집고 흐르듯이 재빨리 한다. 상대의 죽도를 자기 어깨 위까지 받아넘겼으면(맞으러 간 죽도로 상대 죽도의 힘을 죽여

① 상대 죽도의 코스를 자기 죽도로 유도하여 바꾼다.

② 자기 죽도를 왼쪽 어깨 위로 가지고 간다.

③ 허리를 친다.

감각을 연마해야만 예리한 응수기술로 된다 135

◆ 체중을 뒤에 실어서는 성공할 수 없다.

그 코스를 벗어나게 하는 일련의 동작), 그 다음의 허리를 치는 기술은 비켜 허리치기와 같은 요령으로 한다.

그 허리치기를 깨끗하게 성공시키는 요령이 있다. 그것은 손을 뒤집는 것과 허리를 돌리는 것을 날카롭게 해야 한다는 것이다. 손목을 부드럽게 쓰고 받을 때까지 위를 향하고 있던 오른손 손바닥이 순간적으로 바로 밑을 향하도록 손을 뒤집어야 하며, 또 왼쪽 허리로 치는 것 같은 기분이 되어야 한다.

몸을 낮추고 왼쪽 허리를 안쪽으로 비틀어 넣듯이 하면서 허리를 치면 근사한 허리치기가 된다. 마치 야구에서 좌타자가 공을 칠 때와 같은 요령이라고 할 수 있다.

지금까지는 '이렇게 하면 잘할 수 있게 된다'는 관점에서 말했지만 이해를 돕기 위해 역설적인 설명을 덧붙이기로 한다.
① 상대 죽도에 자기 죽도를 부딪치듯이 하면서 받는 사람은 절대로 잘 할 수 없다(야구에서는 손가락을 삐는 원인이 된다―그림 참조).
② 상체를 뒤로 젖히고 받는 사람, 또는 조금 후퇴해서 받는 사람은 절대로 잘할 수 없다. 이것은 역동작이 되기 때문이다. 다시 말해서 받는 동작일 때는 체중을 뒤에 걸고 치는 동작일 때는 앞에 걸어야 하기 때문에 재빠른 움직임을 할 수 없게 된다.
③ 상체를 왼쪽, 또는 앞쪽으로 구부리고 치는 사람은 절대로 잘할 수 없다. 이것은 허리를 칠 때의 기본을 잊고 있는 사람이다. 어디까지나 양 어깨는 수평을 유지할 것, 다시 말해서 왼쪽 어깨를 떨어뜨리거나 몸을 구부리면 안 된다.

3. 스쳐올리기는 비벼서 튀겨올린다

'스쳐올리기 기술'은 머리(또는 손목)로 날아오는 상대 죽도를 자기 죽도로 스쳐올려서 우선 상대의 공격을 막고, 그 다음에 사이를 두지 않고 곧 반격하는 기술이다.

그러나 문제는 그 '스쳐올리기'이다. 대다수의 사람들이 잘 스쳐올리지 못해 고생하고 있다. 다시 말해서 '스쳐올리기'를 정확하게 이해하지 못하고 있는 것이다.

스쳐올린다는 것은 어떤 것이며 어떻게 하면 바른 '스쳐올리기'가 되는 것일까?

여기서는 '스쳐올리기'를 비벼서 튀겨올리는 것이라고 생각하기로 한다. '머리 스쳐올려 머리치기'를 예로 들어서 말한다면, '머리로 날아오는 상대 죽도에 자기 죽도를 도중에서 비벼서 비스듬히 위로 튀겨올린다.'라고 말할 수 있다. 이것이 곧 '스쳐올리기'이다.

비벼대듯이 하면서 상대의 죽도에 자기 죽도를 접촉시킨다. 머리를 겨냥하고 날아오는 상대 죽도에 자기 죽도를 접촉시키는 것은 그다지 어려운 일이 아니다. 그러나 문제는 어떻게 접촉하느냐 하는 것이다. 이것이

감각을 연마해야만 예리한 응수기술로 된다 137

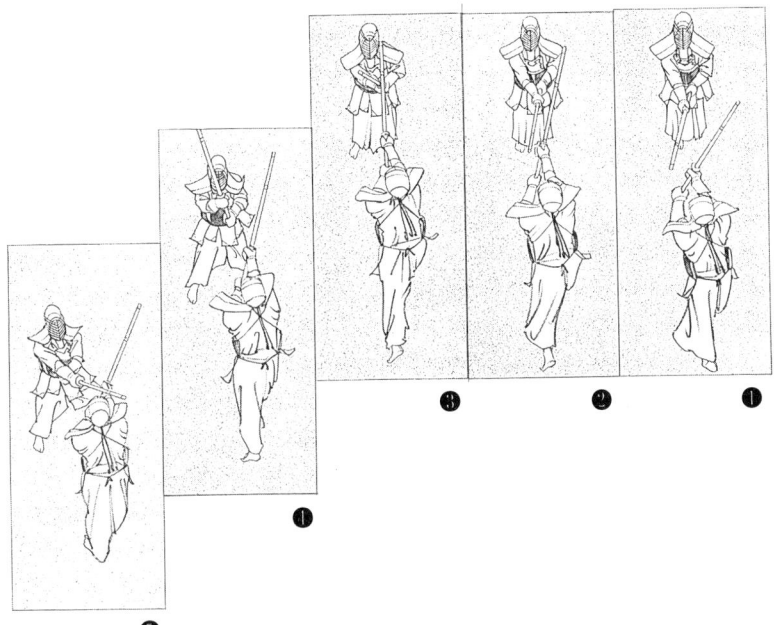

나쁘면 스쳐올리기 기술은 성립되지 않는다.

스쳐올리기 기술에서의 이상적인 접촉 방법은 비벼대듯이 하는 것이다. 비벼댄다고 하면, 우선 서로의 죽도가 부딪치는 듯한 접촉 방법이 아니라는 것을 알 수 있다. 더 구체적으로 어떤 방법으로 접촉하는 것이냐 하면 자기 죽도를 상대 죽도와 같은 방향으로 아주 약간 나란히 뻗어서 접촉시키는 방법이다.

육상경기의 릴레이 경주를 생각해보기 바란다. 주자가 같은 팀의 주자에게 바통을 받을 때는 반드시 몇 미터는 함께 나란히 달린다. 다시 말해서 바통을 들고 달려오는 주자의 스피드에 맞추어서 함께 달리기 시작하여 바통을 받고 그런 다음에 전력 질주를 한다.

검도의 스쳐올리기 기술도 이것과 흡사하다. 내리치는 죽도의 스피드에 맞추어서 자기 죽도를, 밑에서부터 약간 같은 방향으로 뻗다가 도중에서 접촉한다. 목적을 달성하면 상대 죽도에서 떨어져 자기 죽도를 다음 코스로 전력을 다해 뻗는다.

◆ 스쳐올리자마자 머리를 친다.

 오른손 새끼손가락으로 튀겨올리고 그 새끼손가락을 제자리로 되돌리면서 상대의 머리를 새끼손가락으로 치는 기분으로 친다.
 오른손 새끼손가락으로 튀겨올리고, 그 새끼손가락으로 머리를 치는 요령이라는 것은, 손목의 스냅으로 튀겨올리고 그 스냅을 원상태로 되돌리는 힘으로 상대의 머리를 친다는 것을 의미한다.
 스쳐올려 머리치기는 매우 짧은 시간 안에 성공시켜야 하는 기술이기 때문에 어깨 관절은 거의 쓰지 않고 팔꿈치와 손목만으로 한다. 따라서 스냅을 주지 않으면 성공하지 못한다.
 또 오른손 새끼손가락을 밑에서부터 왼쪽(오른쪽) 옆 위로 치듯이 하면 필연적으로 죽도는 90도 회전한다. 다시 말해서 죽도의 하나하나의 대나무 조각이 이루는 4면(面) 중 왼쪽(오른쪽) 측면의 대나무로 상대의 죽도를 튀겨올리도록 하는 것이 스쳐올리기의 요령이다.
 상대와 키재기는 하는 기분으로 약간 앞으로 나가서 스쳐올리고(스쳐올렸을 때의 죽도의 소리와 머리를 치는 소리가 연속되도록), 즉각 머리를

감각을 연마해야만 예리한 응수기술로 된다 139

◆ 오른쪽 옆 위로 스쳐올리다.

◆ 스쳐올리기는 키재기를 하는 기분을 갖고 앞으로 나간다.

친다.

상체를 뒤로 젖힌다든가 물러나서 스쳐올리면 안 된다. 약간 앞으로 나가는 기분으로 발돋움하듯이 해야 한다. 그리고 스쳐올리면 즉각 쳐야 한다. 사이를 두면 거리가 좁혀져서 죽도의 코등으로 머리를 치게 되어 유효타가 되지 않는다.

또 주의해야 되는 것은 상대가 몸을 세게 부딪쳐오는 것이다. 자기가 머리치기를 한 죽도를 상대가 스쳐올렸다는 것을 알면 반드시 상대는 위험을 회피하는 수단으로서 몸을 세게 부딪쳐온다. 만약 정면으로 부딪친다면 이쪽은 발돋움을 해서 몸이 떠 있기 때문에 자세가 무너지며, 최악의 경우에는 뒤로 넘어지고 만다.

이것을 막기 위해서는 자세를 약간 오른쪽으로 비스듬히 기울여 상대와의 접촉을 피하는 테크닉을 익힐 필요가 있다. 아무튼 스쳐올린 순간에 재빨리 머리를 쳐버리는 것이 중요하다. 설사 자세를 오른쪽으로 비스듬히 취해서 공격은 피할 수 있었다 하더라도 스쳐올린 다음에 머리를 치는 시기가 늦어지면 질수록 자세를 비스듬히 취하는 시기가 더욱 늦춰져 마침내 상대의 몸에 부딪히고 마는 결과가 된다.

4. 실전에 살아나는 손목 스쳐올려 머리치기

스쳐올리기 기술에는 '겉 스쳐올리기' 이외에도 '안 스쳐올리기'가 있다. 이 안 스쳐올리기는 머리 스쳐올려 머리치기, 머리 스쳐올려 손목치기, 머리 스쳐올려 허리치기, 손목 스쳐올려 머리치기, 손목 스쳐올려 손목치기 등 다채로운 기술을 가능케 한다. 또한 겉 스쳐올리기 기술은 앞에서 말한 머리 스쳐올려 머리치기 이외에 머리 스쳐올려 허리치기, 찌르기, 스쳐올려 머리치기 등이 있으며 실전에서 많이 쓰이고 있다.

'안 스쳐올리기 기술'을 설명하기 전에 검도에서 말하는 '겉'과 '안'이라는 말에 대해서 설명하기로 한다.

검도에서 말하는 '겉'이란 중단세를 취했을 경우 자기 죽도를 경계로 해서 그 왼쪽을 말한다. 당연히 오른쪽이 '안'이 된다. 상대로부터는 이것과

◆ 실전에서는 손목 스쳐올려 머리치기가 성공하기 쉽다.

반대로 되기 때문에 자기의 '겉'은 상대의 '안'이 되는 것이다.(그림 참조)

'겉'과 '안'을 구별하게 된 것은 옛날의 무사(武士)가 칼을 허리에 꽂았을 때 허리춤에서 바깥쪽으로 되는 것을 '겉'이라고 부르고 그 반대쪽을 '안'이라고 했기 때문이다.

안 스쳐올리기는 겉 스쳐올리기의 반대쪽이기 때문에 그대로 좌우를 반대로 한다. '겉 스쳐올리기'를 거울에 비추어보았을 때 손목을 쓰는 방법, 죽도를 스쳐올리는 부위, 몸놀림 등 좌우가 모두 반대로 된다. 즉 '안 스쳐올리기'로 되어 있는 것이다. 그렇기 때문에 '겉 스쳐올리기'를 잘할 수 있는 사람은 '안 스쳐올리기'도 잘할 수 있을 것이다.

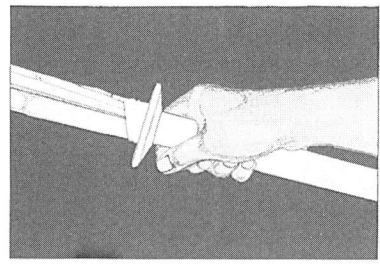
◆ 손등이 위쪽을 향한 바른 스쳐올리기

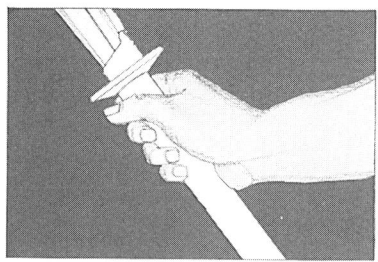
◆ 손목을 손등 쪽으로 구부린 나쁜 예

다만 한 가지 크게 다른 점은 겉 스쳐올리기 때는 나타나는 일이 없는 결점이 오히려 안 스쳐올리기 기술에서 나타나는 것인데 대부분이 심한 경우라고 할 수 있다.

그것은 상대의 죽도를 스쳐올릴 때 왼쪽 손목을 손등 쪽으로 구부리는 경우가 많다는 것이다. 정확하게는 오른쪽 손목을 구부리지 않고 오른손의 손등 위쪽을 향하도록 손목 관절을 돌리는 것이다.

그리고 앞에서 설명한 것처럼 오른손 새끼손가락으로 스쳐올리고 그 새끼손가락으로 상대를 치는 기분으로 하는 것이 중요하다.

실전에 이용가치가 큰 '손목 스쳐올려 머리치기'의 철저한 연구가 기술 향상의 비결이다. 안 스쳐올리기 기술은 앞에서 말한 것처럼 많은 기술이 있는데 그 중에서도 '손목 스쳐올려 머리치기'는 매우 많이 쓰이며 이것을 무기로 삼고 있는 사람도 많이 있다. 특히 고교, 대학의 선수급 사람들 사이에서 애용되고 있다.

그리고 이 '손목 스쳐올려 머리치기'를 잘할 수 있게 되면 그 밖의 안 스쳐올리기 기술도 잘할 수 있게 되기 때문에 안 스쳐올리기 기술의 연구는 손목 스쳐올려 머리치기로 좁혀서 전개하는 것이 현명하다.

여유가 있는 중단세에서 오른쪽 손목을 내전시키면서 앞으로 내고 왼손은 오른손 아래로 밀어낸다(다만 칼 끝은 중심선에서 떼지 않는다).

손목을 겨냥하고 날아오는 상대의 죽도를 자기 죽도의 오른쪽 대나무 조각으로 비벼대고 튀겨올리고(안 스쳐올리기로 된다), 때를 놓치지 않고 머리를 치는 것이 손목 스쳐올려 머리치기이다.

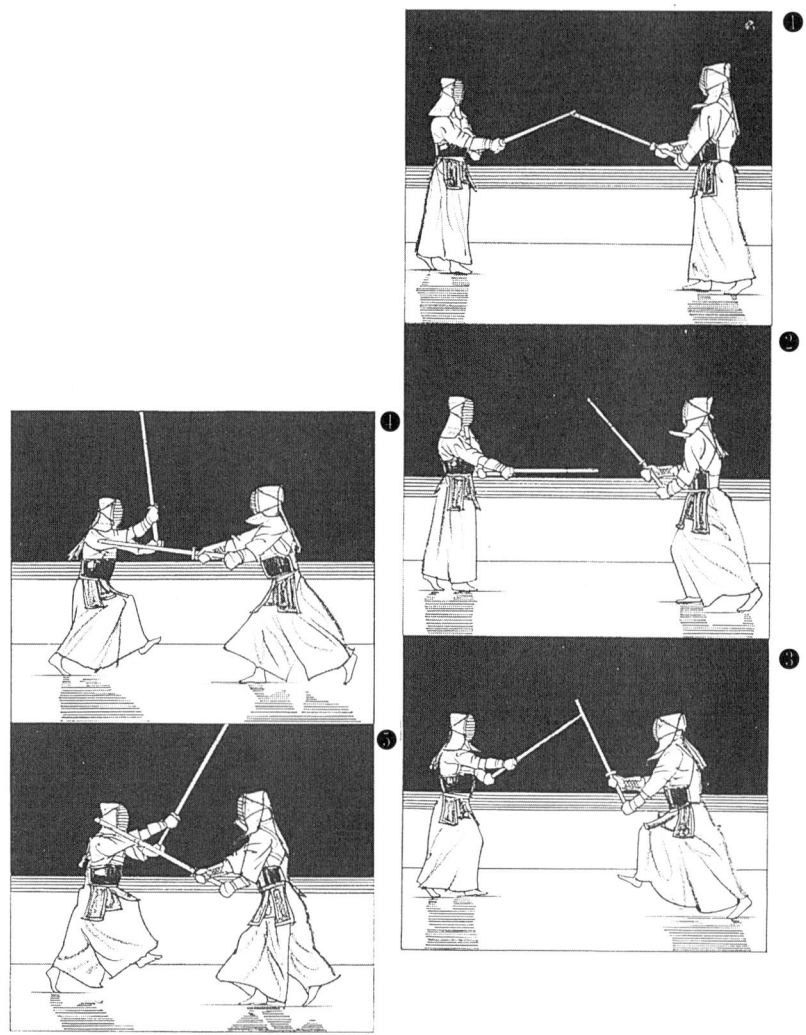

이것을 성공시키는 열쇠가 네 가지 있다.

첫째는, 우선 중단세일 때부터 약간 여유를 가지고 있어야 한다. 여유가 없으면 손목 스쳐올리기는 거의 할 수 없다. 자세에 여유가 있다는 것은 왼손과 몸의 공간을 크게 하고 양쪽 팔꿈치를 죄지 않고 넉넉하게 펴는 것을 말한다.

감각을 연마해야만 예리한 응수기술로 된다 145

◆ 오른쪽 손목은 내전시킨다.　　◆ 왼손은 오른손과 오른쪽 팔꿈치의 중간 아래쯤으로 밀어낸다.

　둘째는, 상대가 손목을 겨냥하고 내리칠 경우 손을 당기거나 몸을 뒤로 빼서는 안 된다. 몸은 그대로 두고 손을 조금 앞으로 낸다. 그때 오른쪽 손목은 내전(손등이 위를 향하도록 한다)한다.
　셋째는, 왼손을 오른손과 오른쪽 팔꿈치의 중간쯤 위치에서 바로 밑으로 밀어낸다.

넷째는, 죽도 끝을 상대의 목 부위에 대고 있도록 한다.

상대 죽도의 스피드에 맞추어서 스쳐올리고 그 여세로 머리를 친다. 이 때 스쳐올리는 동작과 머리를 치는 동작을 자연스럽게 한다.

상대가 손목을 노리고 내리치면 그 기백에 눌려서 후퇴하는 일없이 여유가 있는 중단세로부터 손을 조금 앞으로 내고, 칼 끝은 상대의 목 부위에 대며 다시 손목을 내전시키는 등의 여러 가지 동작을 일제히 한다. 그때 내리치는 죽도의 스피드에 잘 맞추는 것이 중요하다. 그리고 스쳐올린 죽도를 즉각 치는 죽도로 바꾸어 상대의 머리를 친다.

그리고 가장 중요한 것은 모든 동작을 흐르듯이 자연스럽게 하는 것이다.

◆ 멋지게 쳐서 떨어뜨리고 머리치기가 성공했다.

감각을 연마해야만 예리한 응수기술로 된다 147

◆ 상대 죽도의 스피드를 잘 보고 타이밍에 맞춰 자기 죽도를 내민다.

5. 쳐서 떨어뜨리기 기술은 검도의 비법

쳐서 떨어뜨리기 기술은 내리치는 상대의 죽도가 이쪽 머리에 맞기 직전에 그 죽도를 쳐서 떨어뜨리고 그대로 자기 죽도를 상대 머리에 맞추는 일련의 움직임이다. 다시 말해서 상대가 머리를 치는 도중 상대의 죽도를 쳐서 떨어뜨리는 기술이다.

우선 들어가는 기본이 중요하다.

이 기술이 성공하느냐 하지 않느냐 하는 것은 들어가는 기분이 있느냐 없느냐에 달려 있다. 격렬하게 내리치는 상대의 기세에 압도당하는 일없이 오히려 더 격렬한 기력으로 앞으로 나가 상대의 몸 위로 날아가는 듯한 기분으로 쳐서 떨어뜨리는 것이 중요하다. 조금이라도 뒤로 몸을 젖힌다든가, 물러난다든가, 몸을 낮춘다든가 하면 이 기술은 성립되지 않는다.

날아오는 상대 죽도의 스피드에 타이밍을 맞춘다. 날아오는 죽도에 자기 죽도를 접촉시키지 않으면 이 기술은 성립되지 않는다. 그리고 자기 머리보다 앞쪽에서 접촉시킬 필요가 있다. 너무 빠르거나 너무 늦어도 안 된다. 중요한 것은 상대의 스피드에 타이밍을 잘 맞추는 기술이다.

그러기 위해서는 우선 상대의 죽도에서 눈을 떼지 말아야 한다. 마치 야구에서 공을 칠 때 공에서 눈을 빨리 떼면 헛치는 것과 같다. 날아오는

◆ 상대의 손목치기를 쳐서 떨어뜨린다.

◆ 허리치기를 쳐서 떨어뜨리다.

공의 이음매(이은 자리)가 보일 정도로 집중해서 보라고 하는데 죽도에서도 '중혁(中革)'이 보일 정도로 집중하고 있으면 '쳐서 떨어뜨리기'는 잘 할 수 있을 것이다.

손목쳐서 떨어뜨리고 머리치기, 허리쳐서 떨어뜨리고 머리치기는 머리쳐서 떨어뜨리기와는 다른 요령으로 한다.

지금까지의 스쳐올리기 기술이나 응수, 퇴격기, 또는 비켜치기 기술 등에서는 기술의 하나하나에 공통점이 있어, 머리든 손목이든 거의 같은 요령으로 할 수 있었다. 머리 스쳐올려 머리치기의 요령은 그대로 손목 스쳐올려 머리치기나 머리 스쳐올려 손목치기에 응용할 수 있는 것이다.

그렇지만 쳐서 떨어뜨리기 기술은 그렇지가 않다. '머리쳐서 떨어뜨리고 머리치기'의 요령과 '손목쳐서 떨어뜨리고 머리치기', '허리쳐서 떨어뜨리고 머리치기'의 요령은 상당히 다르다. 손목이나 허리를 노리고 날아오는 상대의 죽도를 칼로 치면 날에 상당한 부분(등줄의 반대쪽)으로 쳐서 떨어뜨리는 느낌이 된다. 그렇기 때문에 타이밍만 맞추면 된다.

다만 손목쳐서 떨어뜨리고 머리치기는 앞으로 나가서 치고 허리쳐서 떨어뜨리고 머리치기는 물러나면서 쳐야 한다.

제7장 상단세는 불 같은 기세가 있어야 한다

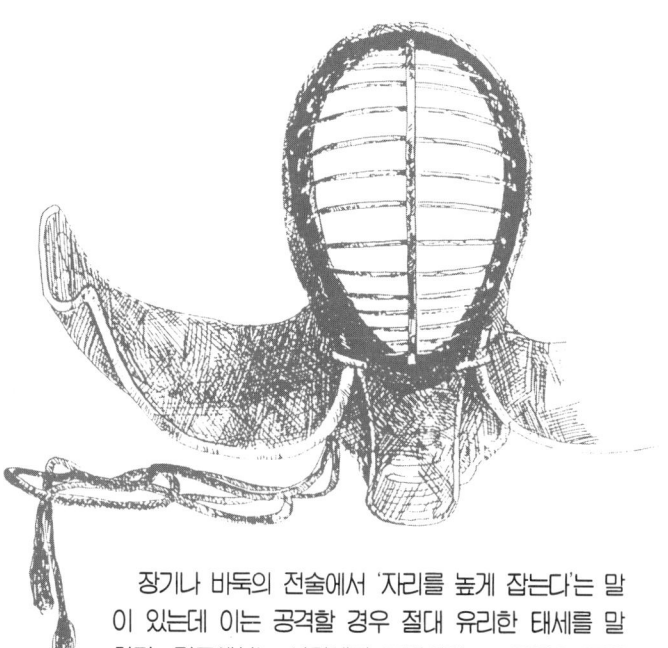

　　장기나 바둑의 전술에서 '자리를 높게 잡는다'는 말이 있는데 이는 공격할 경우 절대 유리한 태세를 말한다. 검도에서는 상단세가 그것이며 그 특징은 공격할 경우에 절대 유리한 태세와 거기서부터 불 같은 격렬한 기세로 내리치는 엄청난 파괴력에 있다고 할 수 있다. 이 기본을 빨리 몸에 익혀야 한다.

1. 상단세를 취한다

상단세를 취하고 있는 사람들 중에는 상단세 자체를 잘 연구하지 않은 채 엉성하게 상단세를 취하고 있는 사람들이 있다. 또 상단세에 대한 철저한 예비지식이 없는데 공교롭게도 연습이나 시합에서 상단세를 정확히 취하는 사람과 대전하여 호되게 당하는 사람도 있다.

상단세를 취하지 않기 때문에 상단에 대한 연구는 필요없다고 말하는 사람이 이런 꼴을 당하는 경우가 많이 있다.

'적을 안다'는 것은 이기기 위한 철칙이다. 그런 의미에서 상단세를 연구하는 것은 상단세를 취하는 사람은 물론이며 상단세를 취하지 않는 사람에게 있어서도 중요하다. 얻는 바가 크고 배워야 할 점이 많이 있는 것이다.

상단세는 불의 자세, 중단세는 물의 자세라고 한다. 상단세를 취했을

◆ 상단세로부터의 머리치기를 성공시킨다.

상단세는 불 같은 기세가 있어야 한다 153

◆ 상단세는 불 같은 기세를 넘치게 한다.

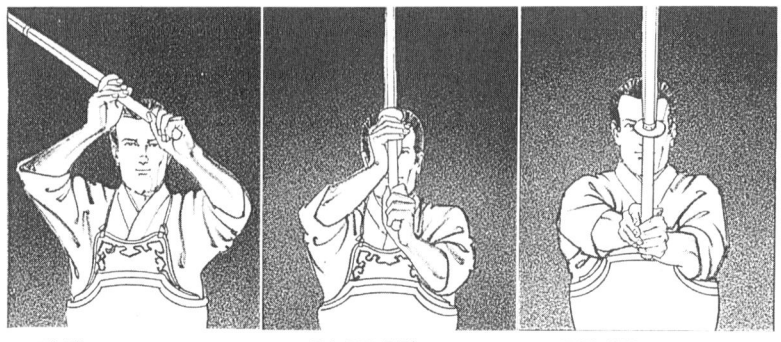

① 좌상단　　② 오른손으로 민다.　　③ 머리를 친다.

때는 불 같은 기세가 체내에 넘치게 하고 상대를 마음으로 위압하는 것이 중요하다.

즉 불 같은 기세가 없는 상단세는 진짜 의미에서의 상단세가 아니라는 것이다. 활활 타오르는 불 같은 기세로 상단세를 취해야만 상단세가 살아난다. 그러므로 우선 상단세로부터 여러 가지 기술을 익히기 전에 마음의 문제를 해결해두는 것이 무엇보다도 중요하다.

상단세를 취한 사람이 중단세를 취한 사람에게 쫓겨서 도망쳐 다닌다고 하면 불 같은 기세라고는 할 수 없다. 또 도망쳐 다니기까지는 않더라도 겁먹은 태도를 취한다든가, 떤다든가 하면 안 된다.

좌상단세로부터 좌편수 머리치기를 한다. 상단세라고 해도 여러 가지 형이 있지만 실전에 사용되는 상단세는 좌상단세뿐이라고 해도 과언이 아니다. 그 밖의 상단세는 '그런 자세도 있기는 있다'는 정도이다.

그런데 좌상단세(왼발을 앞으로 내고 자세를 취하는 상단세)에서 나오는 공격 수단은 무엇일까?

그것은 좌편수 머리치기라고 할 수 있다. 물론 다른 공격 수단도 여러 가지 있으며 박력있는 기술이 있기도 하다. 그리고 이런 것들 전부가 좌상단세의 매력이기도 하며 상단세가 실전에서 많이 쓰이는 이유이기도 하지만 그 중에서도 가장 강력한 기술이 좌편수 머리치기이다. 이 머리치기야말로 좌상단세의 생명이라고 할 수 있다. 이 머리치기가 있기 때문에 다른 공격이 살게 된다. 다시 말해서 머리치기가 없는 상단세는 상단세가

상단세는 불 같은 기세가 있어야 한다   155

아니라고 해도 좋다.

그렇기 때문에 상단세를 취하는 사람은 어떤 일이 있더라도 왼손 하나로 상대의 머리를 확실하게 칠 만한 실력을 양성하지 않으면 안 된다. 아무리 연습해도 이 머리치기를 확실하게 할 수 없는 사람은 상단세를 단념하고 중단세로 일관하는 편이 낫다.

그렇지만 현재 할 수 없다고 해서 단념하는 것은 너무 빠르다. 왜냐하면 상단세로부터의 머리치기의 요령을 모르고 상단세를 취하고 있는 사람이 의외로 많기 때문이다. 이것은 결국 상단세를 확실히 지도할 수 있는

◆ 나쁜 예(손목이 접히고 왼팔이 움츠러들고 있다).   ◆ 좋은 예

◆ 이상적인 머리치기가 성공했다(어깨, 팔꿈치, 손목, 죽도를 잇는 선이 일직선으로 되어 있다).

선생이 적다는 것에 이유가 있다. 다시 말해서 상단세를 취하고 있는 사람의 대부분이 자신들이 고안해낸 상단세인 것이다. 바른 상단세의 지도를 받는다면 그 머리치기를 정확하게 할 수 있게 될 것이다.

상단세로부터의 머리치기는 왼손 하나로 친다고 하기 때문에 왼손만의 힘으로 치는 것이라고 생각하고 있는 사람이 많은 것 같다. 극단적으로 말하면 상단세로부터의 머리치기에는 오른손이 필요없다고 생각하는 것이다. 이런 인식을 가지고는 정확한 머리치기는 할 수 없다. 설사 했다 하더라도 빗나가거나 간단히 방어당하고 말 것이다.

머리치기를 성공시키는 기본 요소는 타이밍과 스피드와 힘이지만 그 모두가 왼손만으로는 생기지 않는다. 다른 한쪽 손(오른손)의 협력이 반드시 필요하다. 다시 말해서 양손의 기능을 간결하게 표현한다면 '왼손은 뻗고, 오른손은 민다'로 된다.

왼손을 뻗는다는 것은 손목에 스냅을 최대한으로 주어서 최종적으로는 어깨, 팔꿈치, 손목, 죽도를 잇는 선이 일직선이 되도록 하는 것이다. 이것이 그림(나쁜 예)처럼 손목을 구부린 채로 쳤을 경우에는 리치가 짧아져서 상대에 닿지 않든가, 만약 닿는다 하더라도 면금부(호면쇠)가 맞아 한 판이 되지 않는다.

그리고 이 손목이 접혀 있다는 것은 스냅을 주지 않았다는 것이며 리치에서 손해를 볼 뿐만 아니라 죽도에 스피드나 힘도 붙지 않는다.

그리고 오른손으로 죽도의 칼자루를 세게 민다. 이 오른손의 작용에 의해서 죽도에 스피드와 힘을 준다.

즉 양손의 힘을 쓰는 것과 같은 효과를 얻을 수 있다.

2. 머리치기의 위력이 손목치기를 살린다

상단세로부터 상대의 머리를 겨냥하고 내리치는 머리치기의 위력이 크면 클수록 상대는 심리적으로 압박당해 방어에 전념하게 된다. 이렇게 되면 상단세는 편하다. 마음먹은 대로 공격을 할 수 있으며 다양한 기술이 모두 살아나는 것이다.

그러기 위해서도 우선 좌편수에 의한 머리치기를 확실하게 해두어야 한다. 그 첫 번째 설명으로써 오른손으로 칼자루를 세게 앞쪽으로 밀어서 죽도에 스피드와 힘을 준다는 것을 앞에서 설명했다. 그렇지만 그것만으로 만전을 기했다고는 할 수 없다. 다른 한쪽 손, 즉 왼손의 효과적인 작용을 필요로 한다.

다만 그 전에 좌상단세로 취한 자세가 매우 이상적이지 않으면 안 된다. 좌상단세로 자세를 취했다면 다음에 드는 포인트를 체크해보기 바란다.

① 좌우 발이 정확하게 앞쪽을 향하고 있어야 한다(오른발이 비스듬히 오른쪽 앞쪽을 향하고 있는 사람이 많지만 이것은 좋지 않다).
② 허리를 쭉 펴고 상대 위를 덮고 있는 느낌이 좋다(허리를 낮추어 중심이 뒷발에 걸려 있는 사람이 많다. 이래서는 머리를 칠 수 없다).
③ 머리 위로 올린 죽도와 호면(護面) 사이에 주먹 하나 정도의 공간을 만들고 왼쪽 어깨 앞쪽에 왼쪽 주먹, 오른쪽 어깨 앞쪽에 오른쪽 주

먹이 오도록 자세를 취하고 죽도의 칼자루 중심이 면금(호면쇠) 바로 위로 오도록 한다(따라서 죽도는 몸의 중심선에 대해 약 45도의 각도로 된다).
④ 죽도는 왼손으로 단단히 쥐고 오른손은 가볍게 들도록 한다.
⑤ 중심은 약 6 대 3으로 앞쪽으로 몰린다.
이 자세에서 머리를 치는데 중요한 것이 세 가지 있다.
① 치는 순간 왼손 엄지손가락을 안쪽으로 조르듯이 한다.
② 칠 때는 왼쪽 손목과 팔꿈치 관절을 끝까지 펴고 상대가 머리를 뒤로 젖혀 도망치더라도 어디까지나 죽도가 닿도록 한다(위에서 내리친다는 느낌은 안 좋다. 이렇게 하면 상대가 물러섰을 때 죽도 끝이 앞으로 떨어져버린다).
③ 칠 때 왼발을 날카롭게 내딛는 동시에, 보폭도 크게 잡는다(상단세를 취하는 이상, 왼발을 내딛는 것이 중단세를 취했을 때 오른발을 내딛는 것과 같은 정도로 날카롭고 강하게 할 수 있어야 한다. 그러나 현재 상단세를 취하고 있는 사람이라도 왼발을 내딛는 것이 오른발을 내딛는 것보다 약한 사람이 많다. 이래서는 죽도가 상대의 머리에 닿지 않게 된다).

이런 점들을 잘 하고 있는 사람은 상단세가 정확하다. 상단세로부터 내리쳐야 할 기회를 가만히 기다린다. 상단세는 죽도를 내리친 그 순간에 승부가 난다는 기분으로 죽도를 내리치는 것이 중요하다. 사느냐 죽느냐를 한 번의 휘두름에 거는 기백이다.

그러나 진짜 상단세를 모르는 사람이 상단세를 취하면 올렸다가는 내리고, 다시 올렸다가는 내리고 하는 등 매우 바쁘다. 그 우스꽝스러움에 무의식적으로 눈을 가리고 싶어진다. 그런 상단세로는 상단세를 취할 가치가 없다.

일단 상단세는 머리 위로 치켜올린 죽도를 내리칠 때가 승부의 갈림길이라고 명심하고 전신의 힘을 모아 내리칠 각오를 갖는다. 그 기회를 상단세를 취한 채 끈기있게 기다린다.

노려야 할 첫번째 기회는 상대가 움직이려고 할 때이다. 상단세에서는

상단세는 불 같은 기세가 있어야 한다 159

◆ 바른 상단의 자세—좌우의 발이 정확하게 앞쪽으로 향하고 허리도 펴져서 상대 위를 덮는 것
처럼 된다. 중심은 7 대 3 정도로 왼쪽 앞발에 걸고, 죽도와 호면 사이는 주먹 하나의 공간을
둔다.

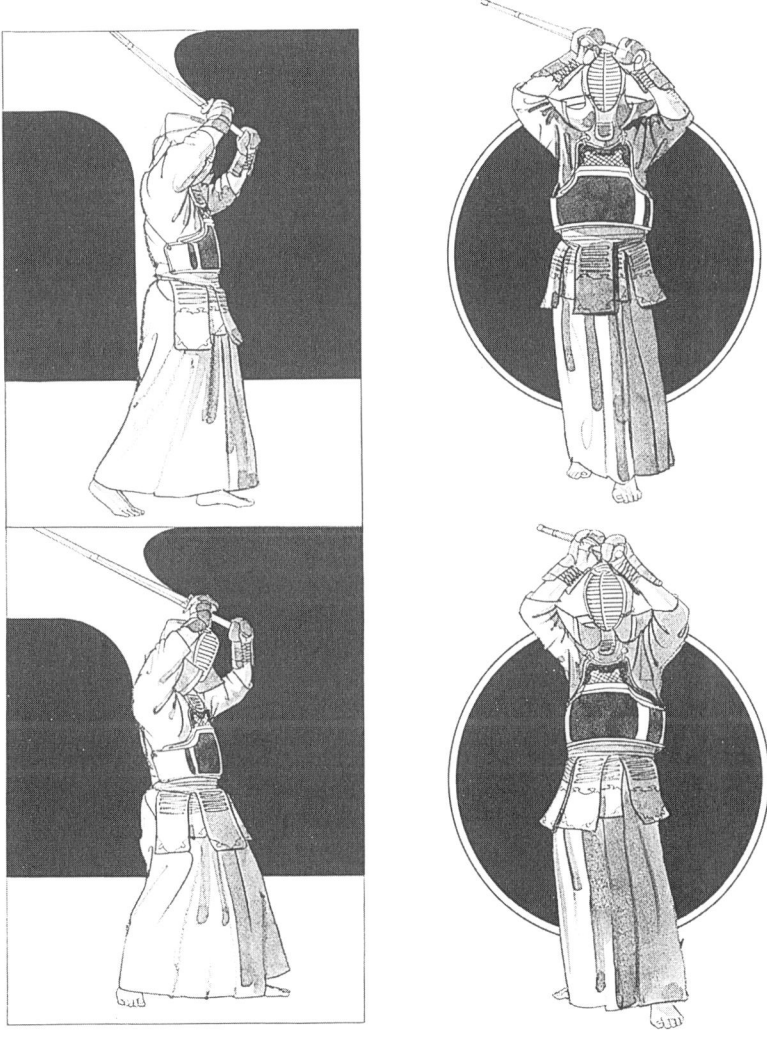

◆ 나쁜 상단의 자세—뒷발이 비스듬히 오른쪽을 향하고 중심도 뒤로 너무 쏠려서 허리가 떨어져
있다. 더구나 죽도의 위치가 뒤쪽으로 치우쳐 있기 때문에 자세에 여유를 보일 수 없다.

상대가 움직이려고 할 때 머리를 노리는 것이 가장 효과적이라고 할 수 있다. 상대가 나오려고 할 때를 노려서 죽도를 내리치면 되기 때문에 상단세에서는 매우 유리한 기술이다.

상대가 나오지 않을 때는 제2의 기회를 노린다. 그것은 격렬한 기백으로 상대를 압도하여 상대가 후퇴할 때를 노려 몰아넣는 동시에 머리를 치는 것이다.

요컨대 상단세로부터 내리치는 머리치기의 기회는 상대가 '나올 때'와 '물러설 때'라고 알아두어야 한다.

머리치기에 박력이 있으면 손목치기가 성공한다. 상단세와 맞선 중단세는 상단세로부터의 머리치기에 대비하기 때문에 아무래도 죽도 끝이 올라

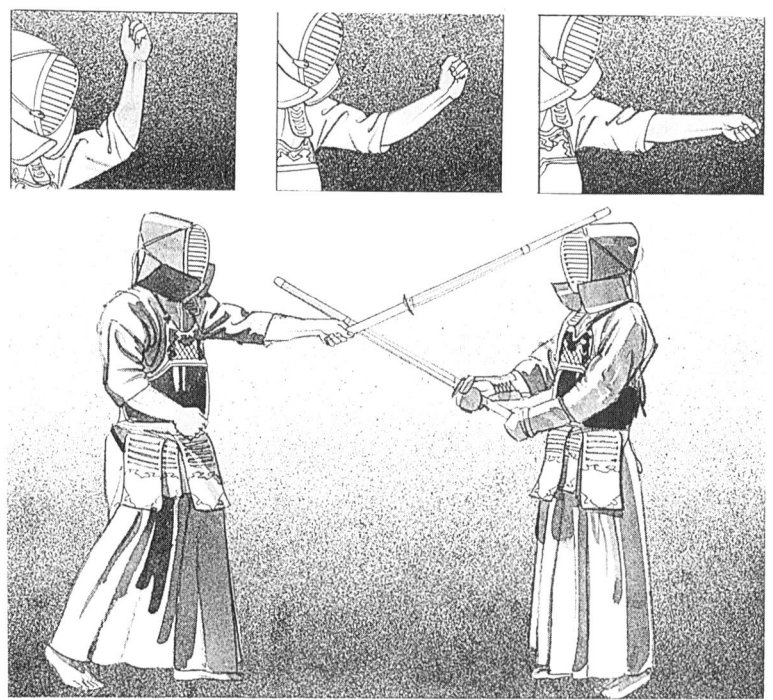

◆ 머리치기의 경우—왼손 엄지손가락을 안쪽으로 조르듯이 하고 왼쪽 팔꿈치를 중심선으로 재빨리 가지고 가서 새끼손가락 방향(세로)으로 손목에 스냅을 준다.

상단세는 불 같은 기세가 있어야 한다 161

간다. 이것은 위에서 내리치는 죽도를 막기 위해서는 어쩔 수 없는 일이다. 그리고 죽도 끝이 올라가면 올라갈수록 손목에 틈이 생긴다.

다시 말해서 상단세로부터의 머리치기에 박력이 있으면 있을수록 상대의 죽도 끝은 올라가며, 더 나아가서는 상단세로부터 좌편수로 내리치는 손목치기가 쉽게 성공하게 된다.

머리를 치겠다고 위압해두고 손목을 친다든가, 손목을 치겠다는 제스처를 하고 머리를 치는 등의 공격 패턴이 성립되고 안 되고도 머리치기에 박력이 있느냐 없느냐에 따라서 결정된다.

야구에서 투수가 던지는 직구가 잘 나가면 가끔 섞는 커브가 척척 성공하는 것과 마찬가지라고 할 수 있다. 그렇지만 그 직구에 위력이 없다면

◆ 손목치기의 경우—왼쪽 팔꿈치를 바깥쪽으로 내밀듯이 하고 왼쪽 손목을 일단 손등 방향으로 구부렸다가 치는 순간(반대로) 손바닥 방향으로 스냅을 준다.

커브나 슈트도 효과가 없다.

 검도에서도 마찬가지로 상단세로부터의 머리치기에 위력이 있으면 있을수록 손목치기는 쉽게 성공하게 된다.

 손목치기는 팔꿈치나 손목을 쓰는 방법이 머리치기와 다르다. 머리치기에 위력이 있으면 손목치기가 잘 성공한다는 예로, 야구에서 투수가 던지는 직구와 커브를 들었는데 재미있는 것은 머리치기는 직구를 던지는 방법과 비슷하고, 손목치기는 커브를 던지는 방법과 비슷하다는 것이다. 더 정확하게 말하자면 손목치기 때의 팔을 쓰는 방법은 도중에서 슈트를 던지는 방법과 같다고 할 수 있다.

 공을 직구와 같은 방법으로 던져서는 커브나 슈트가 되지 않는다. 그것과 마찬가지로 머리치기와 같은 방법으로 쳐서는 손목을 칠 수가 없다. 다시 말해서 좌편수만으로 치기 때문에 치는 방법을 바꿀 필요가 있다. 중단세에서 양손으로 죽도를 들었을 경우와는 근본적으로 조건이 다르다.

 그럼 어떻게 다른가? 우선 머리치기를 복습해보자. 팔꿈치나 손목도 상대의 머리를 향해서 일직선으로 뻗고, 손목의 스냅도 엄지손가락으로부터 새끼손가락의 방향으로 세로로 쓴다. 이렇게 하면 스피드도 나고 죽도가 일직선으로 뻗는다. 야구로 말하자면 직구를 던지는 방법인 것이다.

 한편 손목치기의 경우는 팔꿈치와 손목을 쓰는 방법이 조금 다르다. 야구를 예로 든다면 좌투수가 슈트를 던질 때 손목을 쓰는 방법과 흡사하다.

 우선 팔꿈치는 머리치기를 할 때는 되도록 빨리 팔꿈치를 몸의 중심선으로 넣어 가슴 앞까지 가지고 온 다음에 중심선을 따라서 맞은편으로 뻗었으나 손목치기에서는 우선 안쪽 바깥쪽으로 팔꿈치를 내밀듯이 하고, 거기서부터 상대의 오른쪽 손목으로 향해서 뻗어가는 것이다.

 손목의 스냅도 역시 머리치기와 크게 다르다. 머리치기는 세로로 스냅을 주지만 손목치기는 옆으로 스냅을 준다. 손목을 손등에서부터 손바닥으로 향해서 접듯이 한다.

 이런 방법으로 치면 손목을 겨누고 내리치는 죽도는 중심선 바깥쪽으로부터 들어가게 되어 상대로서는 막기 어려워진다. 그리고 그때 왼발을 내

상단세는 불 같은 기세가 있어야 한다 163

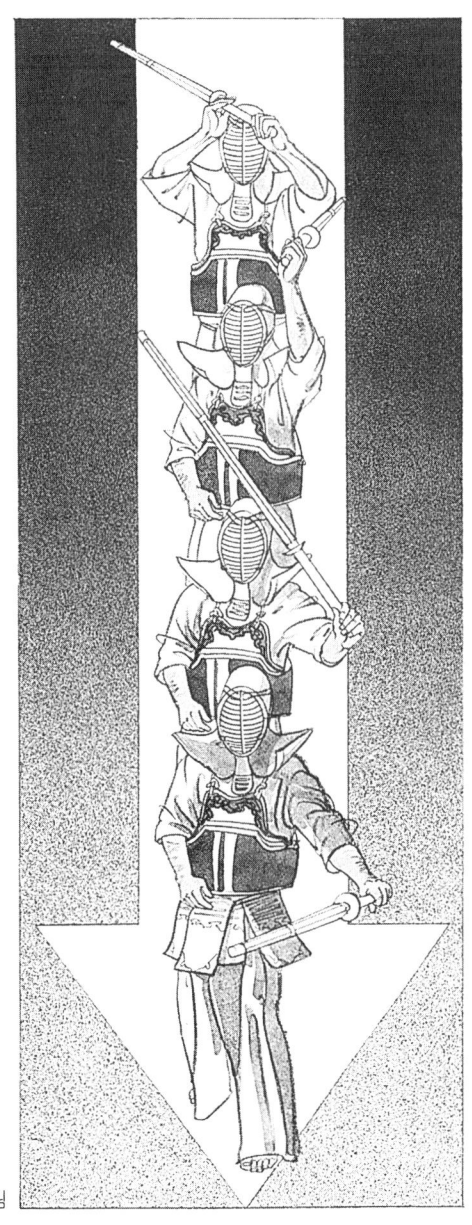

◆ 손목치기를 정면에서 본 그림

딛는 위치가 왼쪽 비스듬히 앞이 되면 효과가 더욱 커진다.
상대는 손목을 죽도로 완전히 막고 있다고 생각하지만 결국 얻어맞게 된다.

3. 상단세로부터의 양손치기

상단세를 취하는 이상 언제든지 이 자세에서 정확하게 좌편수로 머리를 치거나, 혹은 상대가 머리를 경계하면 그 허를 찔러서 손목을 좌편수로 내리칠 정도가 되지 않으면 '상단세를 취했다'고 말할 수 없다.

'나는 상단세가 장점이다' 하고 뽐낼 수 있는 것은 편수치기로 머리와 손목을 칠 수 있는 사람뿐이다. 그렇지만 상대가 상단세를 잘 연구하고 있어서 이 편수 머리치기와 손목치기만의 공격으로는 좀처럼 성공하지 못하는 경우가 있다. 또 상대가 심하게 반격해오는 것도 예상할 수 있다. 그런 것들에 어떻게 대처해 나가느냐 하는 것에 대해서 연구해보기로 한다.

우선 설명을 시작하기 전에 상단세에서 상대를 치는 것은 전부 '양손치기'라는 것을 말해둔다. 다시 말해 여기서는 상단세에서 양손으로 치는 경우에 대한 연구이다.

본래 상단의 자세에서의 내리치기는 양손치기가 주류였다. 오히려 편수치기는 거의 없었을 것이다. 무거운 칼을 한 손으로 내리치기란 도저히 무리였을 것이라고 생각되기 때문이다.

그 후 검도가 가벼운 죽도를 쓰는 검도로 되면서 편수치기가 가능해졌다고 생각된다. 양손에 의한 격자와 비교하면, 리치면에서는 한손을 뻗는 편이 단연 유리하기 때문에 상단세에서의 주공격이 편수치기로 되었다고 해도 좋을 것이다.

상대가 중단세를 취하고 전진해오면 상체를 비틀어서 양손 손목을 치는 것이 잘 성공한다.

상단세에 대한 방어 자세로 자주 쓰이는 것이 이 중단세이다. 중단세라도 정면을 보는 것이 아니라 비스듬히 자세를 취하고 죽도 끝은 상단세를 취한 상대의 왼쪽 주먹에 겨눈다. 그리고 죽도를 약간 비스듬히 하여 머

상단세는 불 같은 기세가 있어야 한다 165

◆ 중단의 자세

리와 손목을 동시에 지킨다. 만약 상대가 머리를 치러 오면 '스쳐올려 머리치기' 또는 '스쳐올려 허리치기' '응수퇴격 허리치기'로 반격하는데 매우 적합한 자세이다.

상단세를 취하고 있는 쪽에서는 상대가 이 자세를 취하고 거리를 좁혀 오는 것이 기분 나쁘다. 손목은 완전히 죽도에 가려져 있기 때문에 칠 수가 없다. 만약 억지로 머리를 치려고 하다간 기다리고 있었다는 듯이 '스쳐올려 치기'를 당하고 말 것이다. 그렇다고 해서 아무런 대책도 없이 있다간 상대가 거리를 좁혀와 무의식중에 후퇴하지 않을 수 없게 된다. 앞에서도(1. 상단세를 취한다) 말한 바와 같이 상단세로 취하고 후퇴하게 되면 이미 그 시합은 진 것과 마찬가지다.

도대체 어떻게 하면 좋을까? 여기서 양손치기가 클로즈 업되는 것이다. 상단세로부터 편수치기뿐이라고 믿고 있는 사람은 생각을 바꿀 필요가 있다. 그 방법은 다음과 같다.

상단세에서의 머리를 치는 것처럼 잠깐 자세를 취한 다음에 가볍게 두 걸음 앞으로 나가서 상체를 왼쪽으로 비튼다. 그리고 죽도를 머리 위에서 작게 돌리고 양손으로 상대의 손목을 친다. 상체를 왼쪽으로 비틀음으로서 지금까지 죽도 밑에 숨겨져 있던 상대의 손목이 나타나고 죽도를 머리 위에서 돌림으로써 왼쪽으로 비스듬한 곳에서부터 손목을 치러 가는 자세가 만들어지는 것이다.

상대는 머리치기의 동작에 속아서 손을 뜨게 하고 있기 때문에 그만큼 손목치기가 쉬워지게 된다. 찌르려고 오면 쳐서 떨어뜨리고 머리치기로 바꾸고 손목을 치러 오면 비켜 머리치기, 뛰어들면서 머리치기를 하러 오면 비켜 허리치기로 바꾼다.

상단세에 대한 중단세로부터의 공격에서 가장 많은 것이 편수 찌르기라고 할 수 있다. 다음이 왼쪽 손목치기(상단세를 취하고 있는 사람에 대해서만은 왼쪽 손목치기를 할 수 있다는 규칙이 있다)이고 가끔 뛰어들면서 머리치기도 있을 것이다. 그렇지만 이 세 가지뿐이기 때문에 대책은 간단하다.

우선 찌르기에 대해서는 쳐서 떨어뜨리기가 효과가 있다. 그것도 죽도

상단세는 불 같은 기세가 있어야 한다　167

◆ 작게 머리를 치는 동작을 취하고 죽도를 머리 위에서 약간 돌리면서 상체를 왼쪽으로 비틀어 비스듬하게 손목을 친다.

◆ 상대의 죽도가 목 부분으로 오자마자 왼쪽 주먹으로 쳐서 떨어뜨리고 즉각 머리를 친다.

◆ 상대의 죽도가 왼쪽 손목을 향해서 뻗어오는 것을 양손을 올려서 비키고 즉각 머리를 친다.
◆ 상대의 죽도가 머리로 날아오는 것을 오른쪽으로 비키고 마주 스쳐지나가면서 허리를 친다.

로 쳐서 떨어뜨리는 것이 아니라 왼쪽 주먹(정확하게는 죽도의 칼자루 끝)으로 쳐서 떨어뜨리는 것이다. 상단세를 취했을 때는 왼쪽 주먹이 목 부분 앞 위쪽에 있기 때문에 찌르려고 온 죽도 위를 이 왼쪽 주먹으로 밑 부분을 치면 간단히 죽도는 아래로 떨어진다. 그때 양손으로 머리를 치는 것이다. 경우에 따라서 발은 일보 물러설 수도 있고 그대로 있는 수도 있다.

상대가 손목을 치러 오면 양손으로 죽도를 든 채 바로 위로 쳐들어서 비키고 그대로 양손으로 상대의 머리를 친다. 경우에 따라서는 일보 나가서 치기도 하고 그 자리에서 치기도 하며 또 일보 물러서면서 머리를 치기도 한다.

그리고 가끔 상대가 자포자기한 상태가 되어 뛰어들면서 머리를 쳐오는 수도 있다. 그때 말려들어서 상단세로 취한 죽도를 내리면 상대의 계략에 빠져 머리를 얻어맞고 말 것이다. 그렇다고 당황해 할 필요는 없다. 이쪽의 머리는 상단세를 취하고 있기 때문에 죽도가 머리 위에 있으므로 완전히 방어하고 있는 것이다.

게다가 상대의 뛰어들면서 머리치기는 애당초 이치에 맞지 않는 무모한 공격에 지나지 않는다. 머리치기를 일단 받아서 허리로 퇴격하면 응수퇴격 허리치기가 되고 그대로 몸을 낮추어서 허리를 치면 비켜 허리치기가 된다. 침착하게 대응하는 것이 중요하다.

요컨대 상단세로부터는 양손치기에 의한 공격이 많이 있다는 것을 기억하고 평소에 그 연구를 거듭하고 연습을 쌓아야 한다. 그렇게 하면 틀림없이 상단세로부터의 공격에 무게가 실릴 것이다.

4. 상단세도 무서울 것 없다

'적을 알고 자기 자신을 알면 백 번 싸워도 이긴다'는 말은 손자 병법에 나오는데 상단세를 취할 때는 이 말이 꼭 들어맞는다. 자기가 우선 상단세를 취해보고 그 전법을 잘 연구한다. 즉 상단세로부터의 격자에는 어떤 기술이 있느냐, 어떤 전법으로 중단세를 격파하려고 하느냐 등 자기가 상단세를 취하는 쪽이 되어서 연구하면 상단세의 솜씨를 잘 알 수 있게 된다. 그렇게 되면 저절로 상단세에 대한 대책이 분명해질 것이다. 상단세는 무서워할 것이 없다.

상단세에 불 같은 기세를 갖지 못하게 하고 기력으로 상대를 물리치고 뒤로 물러서지 않도록 한다.

상단세를 취한 사람은 기력으로 상대를 압도하고 불 같은 격렬한 기세로 공격해오기 때문에 우선 중요한 것은 이쪽도 불 같은 기세로 상대하고

故曰。
知彼知己。
百戰不殆。

일보도 물러서지 않는다는 왕성한 기백으로 맞서는 일이다. 상단세를 취하면서도 자꾸만 공격당해 도망쳐 다니게 된다면 이미 승산은 없다. 반대로 상단세를 몰아넣게 되면 이미 성공한 것이나 마찬가지다. 그러기 위해서는 상단세를 무서워하지 말고 자신을 가지고 대전해야 한다.

경쾌한 풋워크로 전후 좌우로 움직여 절대로 한 자리에 눌러 있지 않아야 한다. '눌러 있다'는 것은 같은 위치에 가만히 있는 것이다. 그리고 발이 마루에 붙어버려 심신이 자유롭지 않게 된 상태를 말한다.

상단세의 불 같은 기백에 압박되어 코너로 몰리면 어떻게 해야 좋을지 몰라 자기도 모르게 한 자리에 서버리는 수가 있다. 이런 전개로 되면 이미 끝장이다. 눌러 서게 되면 그 순간에 공격당하고 만다.

경쾌한 풋워크로 끊임없이 전후 좌우로 움직여 상단세에서 내리치는 죽

상단세는 불 같은 기세가 있어야 한다 171

◆ 상단세의 불 같은 기백에 지지 않는 강한 기력으로 대한다.

도의 목표가 되지 않도록 하는 것이 중요하다.

　적극적으로 상단세를 공격하여 상대에게 여유를 주지 않도록 한다. 상단세로부터 내리치는 죽도를 어떻게 막을까 하는 것에만 전념해서는 안 된다. 수비일변도(守備一邊倒)가 되면 상단세의 페이스에 말려들어버린다. 이쪽에서 맹렬하게 공격하여 상단세를 취한 사람을 당황하게 만들도록 유도해야 한다.

　상단세에 대한 공격은 한손 찌르기가 주가 되며 왼쪽 손목치기를 부(副)로 삼고 과감하게 뛰어들어간다.

　상단세를 허물어뜨리기 위해서는 한손 찌르기가 가장 효과적이다. '상단세는 찌르기로 무너뜨려라'라는 말이 있듯이 한손 찌르기로 맹렬히 공격당하면 심리적으로도 동요하게 된다. 또 상단세로부터 왼손을 뻗어서 치는 리치의 동작도 중단세로부터 왼손을 뻗어서 찌르는 리치의 길이에 비교하면 반드시 상단세가 유리하다고는 할 수 없게 된다. 오히려 목 부분을 비워놓은 상단의 자세는 찌르기에 대해 매우 약해진다.

　상단세를 대하면 우선 무엇보다도 한손 찌르기의 공격을 연발(連發)하여 상대가 동요를 일으키도록 하고 다음 공격으로 옮긴다는 식으로 항상

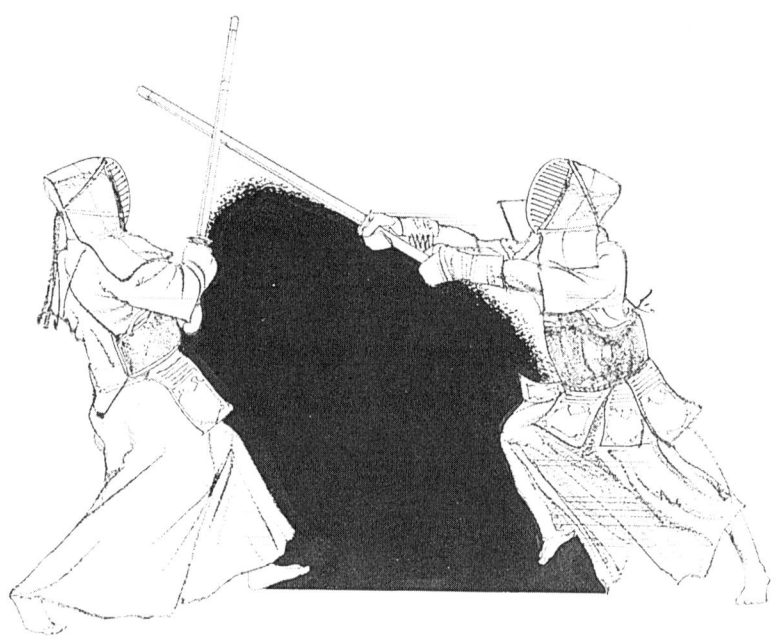

◆ 적극적이고 과감하게 상단세를 공격해서 상대에게 여유를 주지 않는다.

 선수(先手)를 쳐서 적극적으로 시합을 전개하는 것이 중요하다. 다시 말해서 시합의 주도권을 잡는 것이다.
 한손 찌르기 다음에 쓰는 공격은 왼쪽 손목치기가 가장 좋을 것이다. 상대가 찌르기를 막기 위해 머리 위로 올린 손이 내려오기 때문에 그때를 노려서 왼쪽 손목치기로 나간다. 오른쪽 손목을 노리지 않고 왼쪽 손목을 노리는 것에는 두 가지 이유가 있다.
 첫번째 이유는 그 위치가 오른쪽 손목보다도 훨씬 가까이 있기 때문이다. 오른쪽 손목보다 가까운 곳에 있기 때문에 이쪽 죽도가 닿기 쉬운 셈이 된다.
 두 번째 이유가 중요하다. 왜냐하면 이쪽으로부터의 손목치기에 대해서 상단세가 만약 머리치기로 나왔다고 하면 어떻게 되겠는가. 당연히 상대는 오른손을 떼고 왼손만으로 칠 것이다. 만약 이쪽이 오른쪽 손목을 노

◆ 상단세는 우선 한손 찌르기로 무너뜨려 나간다.

◆ 날카롭게 내딛는 것이 상단세의 공격을 막는 길이 된다.

리고 치고 들어갔다고 하면, 그 오른손은 갑자기 시계(視界)에서 사라지고 만다. 오른쪽 손목을 노렸던 이쪽 죽도는 허공을 가르고 상대 죽도는 이쪽 머리에 맞게 된다. 왼쪽 손목을 노렸을 경우에는 이런 비참한 결과로는 되지 않는다. 상대는 죽도에서 왼손을 떼는 일은 절대로 없기 때문이다. 오히려 왼손을 이쪽으로 밀어내기 때문에 치기 쉬워진다.

또 상단세에서의 공격은 중단에 대한 경우보다도 더 과감하게 뛰어들어가는 것이 중요하다. 상단세와 마주 대하게 되면 아무래도 거리가 멀어지기 쉽기 때문에 중단끼리인 때와 마찬가지로 뛰어들어가서는 죽도가 충분히 닿지 않는다. 약 20~30cm는 다르기 때문에 탄력을 살려 과감하게 공격할 필요가 있다.

여러 가지로 설명을 해왔지만 하나하나 머리 속에서 기억하고 있어도 경험이 적으면 잘 되지 않는다. 결국 상단세에 익숙해지는 것도 중요하다고 할 수 있다. 평소의 연습 때 되도록 상단세와 대전하도록 신경을 쓰도록 한다.

제8장 승패는 종이 한 장 차이로 결판난다

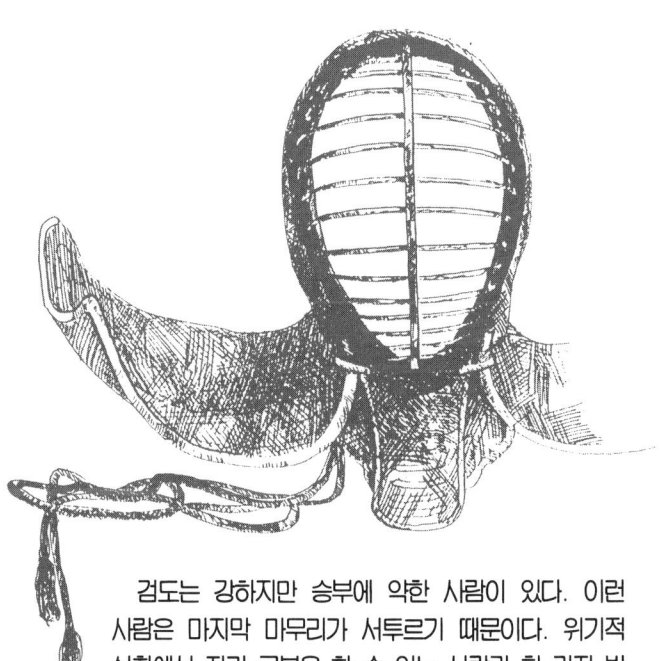

　검도는 강하지만 승부에 약한 사람이 있다. 이런 사람은 마지막 마무리가 서투르기 때문이다. 위기적 상황에서 자기 극복을 할 수 있는 사람과 한 가지 방법을 선택하고 그것을 향해서 전력을 다하는 사람은 이긴다. 시합의 흐름을 잘 읽고 승기(勝機)를 잡으면 승부를 거는 것이 중요하다.

1. 승패까지 호각(互角)이라고는 할 수 없다

　사람의 능력이란 모두 비슷비슷하며 그다지 큰 차이가 있는 것이 아니다. 스포츠만 하더라도 미경험자와 경험자와는 차이가 나는 것이 당연하지만 터무니없는 차이가 나지 않는다.
　이것은 검도에도 적용된다. 연령과 수업 연수가 같다면 실력에 그다지 차이가 생길 리 없다. 그리고 검도는 특성이 있기 때문에 연습만 남들과 같이하면 그다지 남에게 뒤떨어지는 일은 없다. 대체로 실력은 호각(互角)이라고 생각해도 좋다.
　그러므로 특별한 사정이 없는 한, 검도에서 승부를 겨루는 상대는 대체로 실력이 비슷한 사람끼리라고 할 수 있다.
　이런 사람들이 시합을 해서 승패를 결판내는 것이기 때문에 단순히 생각하면 승산은 반반이며, 이기기도 하고 지기도 할 것이라고 예상하기 쉽지만 현실은 그렇지가 않은 것이다. 6 대 4가 된다든가 경우에 따라서는 8 대 2, 극단적인 예로 한쪽이 전승하고 한쪽이 전패하는 일도 있을 수 있다.
　연령과 경험이 거의 같고 실력도 호각인 사람들끼리 시합을 했는데 어째서 이런 결과가 되는 것일까? 이것이 승부 세계의 재미있는 점이기도 하고, 또한 수수께끼이기도 하다.
　우선 생각할 수 있는 것은 실력이 호각이라면 어떤 경우든지 시간이 경과됨에 따라 승패는 종반으로까지 가서 종이 한 장 차이의 아슬아슬한 싸움으로 되는 것이 불가피하다.
　실전이 되면 왠지 약한 사람의 시합을 나중에 자세히 점검해보면 종이 한 장의 차이로 이기지 못하는 일이 많다. 승패의 갈림길은 항상 종이 한 장의 차이인 아슬아슬한 시합 전개 속에서 미묘하게 내재되어 있다. 이것을 확실히 수중에 넣느냐 않느냐가 포인트이다.
　검도에서는 '검도는 강하지만 승부에는 약하다'고 말하는 사람이 있다. 이런 사람은 종이 한 장 차이의 승부까지는 가지만 그 다음의 마무리가

◆ 승부는 대체로 종이 한 장 차이로 결판난다.

서툴다. 야구에서 말하자면 1회에 득점해서 그대로 끝까지 지켜서 이기는 일은 있지만 동점인 채로 7, 8, 9회로 끌고 가는 아슬아슬한 승부로 되면 아무래도 이기지 못한다는 팀과 같다.

프로야구 팀에도 이런 팀이 있고 바둑이나 장기 등의 세계에도 공통적으로 나타나는 현상이다.

검도 시합에서 낙승(樂勝)이나 상승(常勝)은 없다. 어떤 경우든지 승패의 행방은 종이 한 장 차이에서 결판난다는 것을 명심해야 한다. 종이 한 장 차이의 승패를 항상 승리로 이끄는 사람과 그렇지 못한 사람이 있는데 평소의 검도 실력은 같더라도 막상 승부로 되면 여기서 결과가 갈라지게 된다.

어떤 심리학자가 다음과 같이 말했다.

"시합이라는 자리만큼 우리들을 특수한 긴장 속에 두는 것은 없다. 흔히 '저 사람은 연습에서는 강하지만 시합에서는 약하다.'느니, 반대로 '연

◆ 비슷한 경험을 쌓은 사람끼리의 기술은 호각이다. 그러므로 결단력이 승부를 좌우한다.

습에서는 그다지 강하지 않지만 시합에서는 강하다.'고 말하는데, 모두 시합이라는 자리가 우리들을 특수한 심리상태로 몰아가기 때문이다. 따라서 기술이 뛰어나고 자신이 있더라도 막상 중요한 시합이 되면 거기에는 단순히 기술이나 힘만으로도 해결할 수 없는 문제가 남는 것이다."

그리고 그 문제를 해결하는 열쇠는 결단에 있다고 말했다. 주사위는 이미 던져졌다고 외치고 루비콘 강을 건넜다는 유명한 시저의 이야기가 있지만 이 시저의 말 속에는 위기적 상황에서의 자기 극복이 필요하다는 것을 시사(示唆)하고 있다. 단순한 배짱이나 담력이 아니다.

평소의 연습 때 결단을 필요로 하는 위기에 임해서 한 가지 방향, 한

◆ 거센 파도를 뚫고 나가지 않으면 승리의 길을 타개할 수 없다.

가지 방책을 선택하고 그것을 향해서 전력을 다하는 연습을 한다. 반대로 설사 생명을 걸고 싸울 때라 하더라도 결단력이 없다면 좋은 결과를 얻을 수는 없다.

종이 한 장 차이의 아슬아슬한 승부에서 항상 이기는 사람과 지는 사람의 차이는 바로 이 점에 있는 것이 아닐까.

2. 기술의 고유화(固有化)

곤란한 운동이라도 여러 번 반복되면 점점 불필요한 운동이나 반대되는

◆ 고단자만이 아니라 초보자도 적극적으로 배워야 한다.

운동 등을 특별히 금지할 필요가 없어지고 목적만 가지면 즉각 그 운동을 할 수 있게 된다. 즉 충동운동이 되고 마침내는 반사운동으로까지 발전하게 된다. 이것을 기술의 고유화라고 한다.

요컨대 기술이 고유화되는 것은 처음에 선택운동이나 유의적(有意的) 운동이었던 기술이 곧 충동운동으로 되고 마침내 반사운동으로까지 발전한다. 이런 식으로 기술이 반사운동으로 되는 것은 경험에 의해서 자기 것으로 굳어졌다는 것을 의미한다.

이처럼 의지가 반사운동으로까지 발달하면 그 결과로서 다음과 같은 두 가지 효과를 얻는다.

첫째로, 시합 때 기회가 주어지면 그 순간 아무런 주저 없이, 다시 말해서 쓸데없는 일에 정신과 시간을 낭비하는 일없이 신속하게 가장 합목

적적(合目的的)인 방법에 의해서 상대를 이길 수 있다.

둘째로, 여러 번 경험한 일에 정신을 낭비하지 않고 그 에너지를 새로운 선택에 사용해서 임기 응변의 조치를 취할 수 있다.

그리고 이 두 번째 효용으로 여유가 생기는 것이다.

그렇지만 여기서 주의해야 할 것은 이 기술의 고유화라는 현상을 단순히 기계적 반복에 의해서 기술의 향상을 바랄 수 있는 것처럼 오해하지 말아야 한다. 고유화라는 말 자체에서도 분명한 것처럼 한 사람 한 사람이 가지고 있는 고유 의식이라는 것은 소질로서 처음부터 존재한다. 그것에 새로 학습된 것이 그 사람의 고유한 형태로 소화되어 소질로서의 고유 의식에 차차 넓이와 깊이를 더하는 것이다.

그리고 기술의 고유화가 진전되면 자기 기술에 대해서 자신이 붙어 매일 매일의 연습을 즐기게 된다. 또 노력한다는 의식이 점점 희박해져서

◆ 언제나 이와같이 멋진 기술이 먹혀 들어간다고는 할 수 없다.

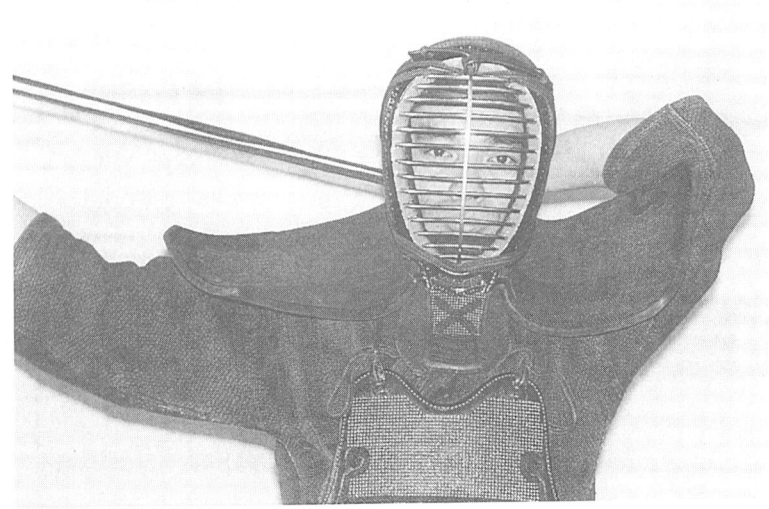

◆ 상대방에게 적극적으로 배워야 한다는 기백과 수행태도를 가져야만 빨리 익힐 수 있다.

노력을 하면서도 노력하고 있다고 느끼지 않는 상태로 된다. 소위 몰두하는 심정이 그것이다. 그렇게 해서 기술이 완전히 고유화되고 소위 몸에 밴 상태로 되어 겉보기에 여유를 느끼게 되는 것이다.

어떤 승부도 반드시 이길 수 있다고 인식하는 것이 진짜 의미의 자신감일 것이다. 간신히 이겨서 어리둥절한 자세에서 일변해서 적극적으로 변해 어딘지 모르게 여유가 생긴다.

종이 한 장 차이의 아슬아슬한 승부에 있어서도 여전히 자신감과 용기를 잃지 않고 확실히 승리를 획득하는 승부사의 면목이 여기에서 생생하게 나타나는 것이다.

앞에서 몇 번이나 말한 것처럼 검도의 승패는 종이 한 장 차이의 아슬아슬한 데서 다투어지는 것이기 때문에 보기에 따라서는 고전의 연속이라고도 할 수 있다. 이 위기를 극복할 자신과 용기가 없으면 승부에 이길 수 없다.

강을 건널 때 험한 곳은 뱃사공의 탁월한 기술로 뚫고 나가듯이 인생항로에도 반드시 험한 곳이 있기 때문에 전력을 다해서 뚫고 나가지 않으

◆ 과감하게 〈승부를 거는 용기〉가 없으면 이길 수가 없다.

면 안 된다. 검도에서도 마찬가지이다. 대부분의 경우 고전을 각오해야 한다. 그래서 바다를 건널 때와 마찬가지로 자신감과 용기를 가지고 뚫고나가면 곧 앞길이 열려 승리를 얻을 수 있다.

종이 한 장 차이의 아슬아슬한 승부를 겁먹지 않고 싸워 항상 승리를 얻는 비결은 완전히 고유화된 기술을 가지고 있다는 확고한 자신감과 결단을 필요로 하는 위기에 임해서 의심하는 일없이 한 가지 방향, 한 가지 방책을 선택하고 그것을 향해서 전력을 기울이는 결단의 용기를 함께 지니는 것이다.

3. 시합의 흐름을 읽고 승기를 잡는다

승패를 다투는 모든 경기에서는 개시부터 종료에 이르기까지 전국(戰局)이 여러 가지로 변화한다. 담담한 평온 상태가 계속되는가 생각하면,

아주 사소한 것이 계기가 되어 갑자기 대격전으로 되는 일이 적지 않다.

그런데 어느 한쪽이 대응을 잘못하든가, 한순간 대응하는 때를 놓치면 전국은 금세 불리해져 패전으로 이어지게 된다. 요컨대 시합하는 사람이나 감독, 코치는 시합의 흐름에 세심한 주의를 하면서 잘 관찰하고 승패에 직결된다고 생각되는 징조가 보이면 망설이지 말고 적절한 수단을 강구하지 않으면 두고두고 후회하게 된다.

팀 대항에 있어서 유능한 감독과 코치가 이끌고 있을 경우는 선수 자신이 시합의 전개에 주목하고 시합의 흐름을 확인하는 것은 그다지 중요하지 않을지도 모른다. 물론 선수 한 사람 한 사람이 그 나름대로의 입장에서 시합의 흐름을 몸으로 느끼고 그것에 걸맞는 움직임을 하는 것은 당연하다.

그러나 팀 전체로서의 대응은 감독, 코치가 적절하게 지시를 하기 때문에 그것에 맡겨두면 된다. 그렇지만 검도 시합 같은 개인과 개인의 시합에서는 선수 자신이 시합 전개에 주의하면서 그 흐름의 변화를 방심하지 않고 확인하지 않으면 안 된다.

만약 선수 자신이 그런 일에 무관심하다든가 관심은 있어도 주의를 게을리한다든가, 혹은 어떤 대응이 필요한가를 판단할 능력이 없다고 한다면 시합 전에 어찌할 바를 모르고 허둥대다가 종국을 맞게 된다. 이래서는 승부가 되지 않는다. 모처럼 단련한 평소의 힘을 헛되게 하고 만다.

그럼 어떻게 하면 좋을까? 우선 시합의 흐름을 알아야 한다. 그러기 위해서는 정신을 통일하고 무념무상(無念無想)의 경지에 이르러야 한다. 그리고 시합의 흐름 속에서 특히 '징조'를 알아차리고 적의 실력이나 작전을 감지할 수 있어야 하는데 그것은 오랜 동안의 단련에 의해서만 얻어지는 것이다.

그 한 예로서, 한국 은행의 위조지폐 감정 전문가는 지폐를 세고 있는 동안에 만약 위조지폐가 있으면 왠지 모르게 저절로 손이 멎어버린다고 한다. 꺼내보면 언뜻 구별이 되지 않을 정도이지만 자세하게 점검하면 역시 위조지폐라고 한다.

검도에서도 마찬가지이다. 시합의 흐름을 조용히 지켜보면서 방심하지

◆ 성격이 잘 맞지 않는 상대에게는 적극적이 되어야 한다.

않고 그 흐름 속에 어떤 '징조'를 순간적으로 알아차린다. 그리고 그것이 오랜 동안의 경험에 의해서 '쓸만하다'고 판단하면 기회를 놓치지 않고 과감하게 승부를 거는 것이 중요하다. 승부의 흐름이 알더라도 '이때다!' 할 때 결단을 내리고 승부를 걸 용기가 없다면 승리는 영원히 손에 넣을 수 없다.

　장기에서는 번득임이 있다느니 없다느니 하는 말이 자주 쓰인다. 이 번득임이라는 것은 수읽기를 할 수 있는 사람에게 생긴다. 평소에 수읽기도

◆ 어려운 상대라는 의식을 극복하지 않으면 시합에서 좋은 결과를 얻을 수 없다.

변변히 하지 않는데 번득임이 생길 리 없다.

이를테면 일종의 연상작용(聯想作用)이다. 이럴 때는 이렇게 한다는 과거의 몇 가지 조합(組合)이 한 국면에서 잇따라 머리에 떠오른다. 그 수 읽기를 해나가는 동안에 문득 새로운 수가 번득이곤 한다. 그렇기 때문에 이것은 머리가 좋다느니 나쁘다느니 하는 문제가 아니다. 숙달이다. 과거의 축적이라고 할까, 체험이라고 할까, 숙달이 없으면 새로운 수, 다시 말해서 새로운 아이디어는 생기지 않는다. 또 승부의 세계에서 번득임은 평소의 수읽기에 대한 노력에 의해서만 가능하다. 이것은 중요한 일이다. 따라서 수련을 거듭하고 수읽기를 확실한 것으로 만들어 시합의 흐름을 방심하지 않고 응시하고 있으면 승기가 번득인다. 그때 승부를 거는 것이다. 이것을 할 수 있는 것이 진짜 '승부사(勝負師)'이다. 흥하든 망하든 해보겠다는 식의 지포자기적인 것을 승부사라고 말하는 사람이 있지만 이것은 큰 잘못이다. 그런 것은 승부사가 아니라 도박사이다.

프로야구에서 명감독은, 승부처를 정확하게 판단하는 통찰력과 앞 수를 읽고 순식간에 손을 쓰는 결단력이 있는 사람을 말한다. 그리고 그것을 성공으로 이끄는 풍부한 리더로서의 경험이 있어야 한다.

주도면밀한 수읽기가 뒷받침되지 않고 무계획적으로 흥하든 망하든 한 번 해보자는 식으로 승부를 거는 사람은 대성할 수 없다.

제9장 절대불패(絶對不敗)의 검을 찾는다

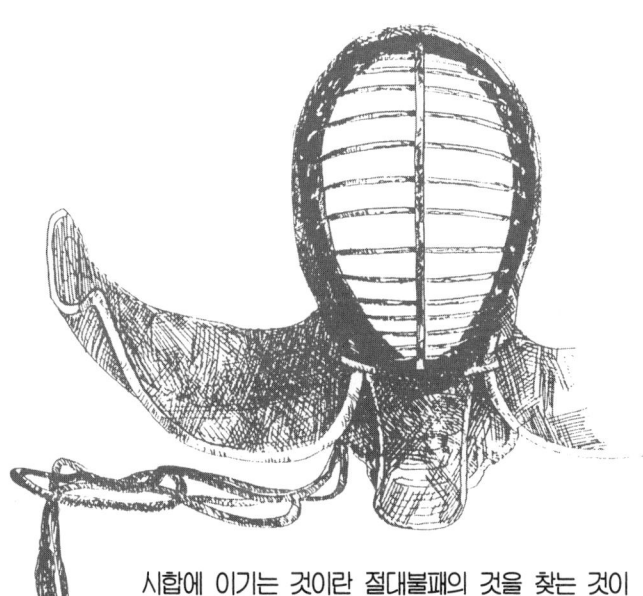

　시합에 이기는 것이란 절대불패의 것을 찾는 것이다. 그리고 시합에 이기는 것은 근사한 일이다.
　돈, 명예와 영광도 그렇지만 이기기 위해 피나는 맹연습을 해서 기술을 습득하고 심신을 단련해서 자기를 이기는 힘을 길러야 한다. 그런 것들 전부가 근사한 것이다.

1. 전력을 다해서 시합에 이긴다

검도인들 중에는 시합 따위는 아무래도 좋다고 말하는 사람이 가끔 있다. 대개 건강을 위해 검도를 하는 노인이나 주부, 심지어는 미용 효과를 위해 검도를 택했다고 하는 경우도 있다. 그렇지만 대부분의 검도인에게 있어서 시합에 이긴다는 것은 매우 중요한 문제가 아닐까 생각한다.

이런 사람들은 1년 동안 몇 번이나 시합을 하지 않으면 안 된다. 시합을 하면 누구든지 이기고 싶다고 생각하는 것이 당연하다. 지려고 시합에 나가는 사람도 없을 것이다. 승부에 관해서 젊은 사람들이 흔히 오해하기 쉬운 말이 있다. '승패에 구애되지 말라'느니, '반드시 이기려고 생각하지 말라' 등의 말로 선수에게 충고하는 선배나 선생이 있다. 그러나 이 말의 진짜 의미는 반드시 이기라는 뜻이다.

◆ 온 힘을 다해서 승리를 노린다.

절대불패의 검을 찾는다 191

◆ 서로 전력을 다해서 시합하는 것이 그 시합의 분위기를 고조시킨다.

그리고 반드시 이기기 위해서는 경직되어서는 안 된다. 승부에 구애되거나 이기자고 생각하면 몸이 굳어지게 마련이다. 그래서 선수 자신을 이완시키기 위해 '승패에 구애되지 말라', '이기려고 생각하지 말라'고 말하는 것이다. 선수가 그것을 말 그대로 받아들여 정말로 이기려고 생각하지 않고 실망을 했다가 쉽게 지면 어떻게 될까. 선생이나 선배는 아마도 화를 낼 것이다.

시합에 나가면 전력을 다해서 이기려고 노력해야 한다. 이 자세야말로 스포츠맨십이며 무도인의 올바른 자세인 것이다. 시합에 이기려고 생각하는 것은 숭고한 마음이다. "시합에 이기고 싶다!"고 큰소리로 외친다고 해서 조금도 부끄러울 것은 없다.

시합에 이기고 싶다고 생각하는 것은 인간으로서 훌륭한 일이며 시합에 전력을 쏟아서 승리를 획득하는 것은 숭고한 행위라는 굳은 신념을 갖는 것이 무엇보다 중요하다. 이 신념이 애매 모호한 동안에는 어떤 수단이나 방법을 강구하더라도 강한 선수가 될 수가 없다. 이것을 단단히 명심해두어야 할 것이다. 이런 말을 하는 것은 승부사로서의 근성이나 각오를 분명히 갖기를 바라기 때문이다.

◆ 승리를 향해서 전원이 사력을 다하는 것이 럭비 정신이다.

　시합에 이기기 위해 전력을 다하는 것은 스포츠맨 정신에 따른 아름다운 행위라는 강한 신념을 갖는다.
　인간의 모든 행위에 대해서도 그렇지만 그것이 성공하느냐 하지 못하느냐는 열쇠를 쥐고 있는 것은 우선 강한 신념을 갖는 것이라고 할 수 있다. 자기가 지금 하고 있는 일은 사회의 일원으로서 발전에 기여하고 있다는 신념을 가지고 일하는 사람은 반드시 훌륭한 일을 성취할 것이다.
　검도 시합을 할 때에도 시합이라는 것에 대한 확고한 신념이 있는 사람일수록 좋은 성적을 낸다. 시합이라는 것을 적당히 생각하고 있다든가 아무래도 좋다는 생각을 가지고 있는 사람은 그만큼 이기는 확률이 낮다.
　이긴다는 강한 신념을 가지고 시합에 나가야 한다. 그렇게 하면 틀림없이 지금까지와는 다른 시합을 할 수 있는 것이다.
　기력의 충실이 시합에 이기는 특효약이다.
　지금까지 각 장(章)에서 설명해도 내용은 전부 당신의 지식으로 머리

절대불패의 검을 찾는다 193

◆ 기력을 충실히 하고 시합에 임한다.

속에 들어가 기술로 되어 있을 것이다. 그것을 시합에서 적절하게 사용하면 반드시 이길 수 있을 것이다.

다만 조건이 있다. 그것은 박력이 필요하다. 기력이 따르지 않는 한 지식이나 기술도 살지 않는다. 기력에 의해서 지식에 활력을 주고 기술에 생명을 불어넣는 것이다.

자동차에 비유한다면 기력이란 휘발유와 같다. 지식이나 기술은 차체(車體)나 엔진이다.

그렇지만 아무리 훌륭한 차체를 가지고 있고 아무리 정교한 엔진을 가진 차라도 휘발유가 없으면 달릴 수가 없다. 당신은 기력(휘발유)을 가지고 있을 것이다. 대부분의 사람이 기력을 가지고 있다. 문제는 그 휘발유에 점화해서 태울 줄을 모르는 것이다. 휘발유(기력)를 태우는 방법에 대해서 알아보기로 한다.

2. 기력을 폭발시킨다

기력이라는 휘발유에 불을 붙여 폭발시킨 다음 가지고 있는 힘을 전부 다 낸다면 반드시 좋은 결과를 얻을 것이다. 좋은 시합을 할 수 있고 승리를 손에 넣을 수 있을 것이다. 원래 사람은 누구든지 기력을 체내에 비축하고 있는 법이다. 기력을 가지고 있지 않는 사람은 없다. 인간은 휘발유를 가득 채운 차와 같다. 그렇지만 휘발유가 가득한 차라 하더라도 불을 붙이고 실린더 속에서 폭발시켜주지 않는다면 바위를 움직이는 힘이 되지 않는다. 이것과 마찬가지로 기력에도 불을 붙이고 체내에서 폭발시켜주지 않으면 힘으로 되지 않는다.

다시 말해서 기력이 없는 사람이란 기력이 없는 것이 아니라 자기 체내에 있는 기력이라는 휘발유에 불을 붙이는 방법을 모르는 사람을 말한다.

그럼 어떻게 해서 불을 붙일까? 자동차는 실린더 속의 휘발유에 점화하는 방법으로 전기 스파크를 일으키는 방법을 쓴다. 무엇에 불을 붙이는 방법은 이 밖에도 여러 가지가 있다. 성냥이나 라이터로 불을 붙이기도 하고 돋보기로 태양 광선을 모아서도 붙이기도 한다.

절대불패의 검을 찾는다 195

◆ '기력'이라는 휘발유에 불을 붙여서 폭발시키면 사람의 몸은 굉장한 힘을 낸다.

그것과 마찬가지로 기력에 불을 붙이는 방법은 여러 가지가 있다. 그렇지만 각자의 기력에 불을 붙이는 방법은 한 사람 한 사람에 따라 다르다는 것을 미리 인식해두어야 한다.

휘발유라면 전기의 불꽃, 또는 성냥불, 라이터의 불 등 무엇으로 붙여도 폭발한다. 그렇지만 기력이라는 휘발유는 그렇게 되지 않는다. 그 사람의 독특한 '불붙이는 방법'으로 붙이지 않으면 불이 붙지 않는다. A라는 사람이 사용한 불붙이는 방법을 B라는 사람이 흉내내도 소용없다.

기력이라는 휘발유에 불을 붙이는 방법은 스스로 개발해야 한다. 아는 사람으로부터 배워도 안 되고, 남의 흉내를 내도 효과가 없다고 하면 스스로 발명하는 것밖에 달리 방법이 없을 것 같다.

다른 사람이 한 것을 듣고 그것을 힌트로 해서 자기 나름대로의 궁리를 더해 자기 것으로 만드는 것도 좋을 것이다. 또 시합 중에나 연습 중뿐만 아니라 무엇인가를 감지하게 되면 아무리 사소한 일이라도 소중히 하고 거기서부터 구체적인 방법을 찾아내는 노력을 아끼지 말아야 한다.

다른 스포츠에서 한 예를 들어보기로 한다.

야구에서 어떤 투수가 9회까지 완투하여 셧 아웃시킨 다음에 이렇게 말했다.

"'상대팀 벤치나 관중들도 더 야유해라, 야유를 당하면 당할수록 나는 계속 의지가 생긴다. 자, 더 야유해라!' 하고 마음속으로 외치면서 9회까지 기력을 다해 끝까지 던져 완봉승했다."

이런 것이야말로 기력이라는 휘발유에 불을 붙여서 폭발시킨 적합한 예라고 할 수 있다.

지키려고 생각하지 않고 지키고, 치려고 생각하지 않고 쳐라. 다음과 같은 우화는 검도의 비결을 깨닫는 데 좋은 참고가 될 것이다.

어느 날 한 나무꾼이 산에서 여느때와 마찬가지로 나무를 자르고 있는데 지금까지 본 일도 없는 진기한 짐승이 한 마리 나타났다. 크기는 강아지만 했는데 뿔이 하나 나 있었다. 너무 진기한 짐승이었기 때문에 나무꾼은 '좋다. 이놈을 사로잡아 마을로 가지고 가자. 틀림없이 비싸게 팔릴 것이다.'라고 생각하고 빈틈을 엿보았다. 그랬더니 이상하게도 그 짐승이

절대불패의 검을 찾는다 197

◆ 기력이 충실하면 고도의 기술과 폭발적인 힘이 나온다.

사람의 말로 "나는 '깨달음'이야. 그래서 네 마음속을 금방 알 수 있다. 너는 나를 잡아서 마을로 가지고 가 팔려고 생각하고 있지?"라고 말했다.

나무꾼은 놀랐다. 그렇지만 그런 내색은 하지 않고 상대를 안심시키려고 모르는 체하고 나무를 잘랐다. 그랬더니 그 깨달음이라는 짐승은 놀리듯이 바로 가까이까지 다가와서 "나에게 안심시키고 빈틈을 보아서 덤벼들려고 생각하고 있구나."라고 말했다.

나무꾼은 그 짐승을 사로잡는 것을 단념하고 막대기로 때려죽이자고 생각하고 나뭇가지를 알맞은 길이로 자르기 시작했다. 그랬더니 '깨달음'은 재빨리 뒤로 물러나면서 "이번에는 그 나무 막대기로 때려죽이려고 생각하고 있군." 하고 말했다.

나무꾼은 이렇게 자기 마음속을 꿰뚫어보고 있는 이상 어떻게 할 수가 없다고 생각하고 이젠 이 짐승을 상대하지 않겠다고 생각했다. 그래서 다시 나무를 넘어뜨리는 작업을 하기 시작했다. 그랬더니 '깨달음'이, "하하

◆ 기회라고 판단하면 때를 놓치지 않고 응한다.

하, 이제야 겨우 단념했구나. 인간이라고 뽐내고 있지만 어리석은 놈이야." 하고 나무 그루터기에 걸터앉아 나무꾼을 놀려댔다.

그렇지만 나무꾼은 더 이상 상대하지 않고 계속 나무를 잘랐다. 그런데 그때 도끼 자루가 부러지면서 도끼가 날아가 '깨달음'의 머리에 맞았다. 그 일격으로 '깨달음'은 그 자리에서 즉사해버렸다.

그렇게 영리했던 '깨달음'도 나무꾼이 잡으려 하거나 죽이려고 생각하지 않고 무심(無心)의 상태로 대했기 때문에 날아온 도끼를 피할 수 없었던 것이다.

또 검도에서는 '보면 안 된다'는 말을 자주 쓴다. 좀 이해하기 어려운 말일지도 모른다. 무슨 뜻이냐 하면 자기를 겨누고 날아오는 상대의 죽도를 보면 안 된다. 보면 맞는다는 것이다.

날아오는 죽도를 보고 '위험하다! 맞겠다'고 생각한 다음에 수비로 들어가면 틀림없이 맞고 만다는 것이다. 시각(視覺)으로 위험을 느껴 대뇌로 그것을 보고하고 대뇌로부터의 명령으로 방어를 위해 손발이 움직인다는 정상적인 코스를 밟아서는 순간적인 동작을 할 수 없다. 이것을 '보면 안된다'는 말로 훈계하고 있다.

요컨대 대뇌로 보고하는 것과 대뇌로부터의 명령이라는 두 가지 일을 생략하고 시각으로부터 즉각 방어 동작으로 들어가야 한다.

공격할 경우도 마찬가지이다. 상대가 틈을 보인 순간에 벌써 죽도가 그리로 날아가 있지 않으면 안 된다. 틈을 발견하고(시각) 대뇌에 보고한다. 대뇌로부터 치라는 명령이 나온다. 손발이 움직여 죽도가 상대에게도 날아간다는 순서를 정한 코스 중에서 대뇌로 보고하는 것과 대뇌로부터 명령을 내리는 과정을 생략한다. 훈련에 따라 이것을 할 수 있게 된다.

그리고 더 나아가 시합에 임해서도 이길 수 있게 될 것이다. 상대는 앞에 든 우화에 나오는 '깨달음'이란 짐승과 마찬가지로 이쪽의 마음속을 읽을 수 없을 뿐만 아니라 스피드가 빠르기 때문에 대응할 수 없다.

다시 말해서 지키려고 생각하지 않고 지키고, 치려고 생각하지 않고 쳐야 하는 것이다. 시합에 임해서 이것을 실현할 수 있게 되는 것이 검도 수업의 목적이라고도 할 수 있다.

3. 의식과잉(意識過剩)과 자유로운 움직임

시합에 이기기 위해서는 우선 지지 않는 것이라고 말하면 웃을지도 모른다. 당연한 일이다. 지지 않으면 이기는 것이 뻔하지 않은가. 그런 것을 새삼스럽게 말하지 않더라도 알고 있다고 대부분의 사람들이 생각할 것이다.

그렇다. 당연한 일이다. 지지 않으면 이긴다. 지지 않는 것이 시합에 이기는 비결이라고 말하는 것이 이상할 정도이다. 그러나 이 당연한 일이 머리 속에 제대로 들어 있지 않은 사람이 매우 많은 것이 이상하다. 지면 이길 수 없다는 간단한 이치를 모르고 시합을 하는 사람이 많이 있다.

얼어버리면 진다는 것을 뻔히 알고 있으면서도 시합 때마다 언다. 시합에서 지는 원인은 대부분 평소의 침착성을 잃고 얼어버리기 때문이다. 더구나 얼면 진다는 것을 잘 알고 있으면서도 항상 얼어버린다. 이래서는

◆ 여러 가지 생각을 그대로 간직하고 시합에 임한다.

도저히 시합에 이길 수 없다. 언다는 것은 승리를 스스로 포기하고 있는 것과 마찬가지이다. 지지 않기 위해, 그리고 이기기 위해서는 얼지 않도록 노력하고 연구해야 한다.

언다는 것은 도대체 무엇일까? 우선 그 정체부터 확인할 필요가 있다.

다시 말해서 언다는 것은 '의식과잉이 되어서 마음의 안정을 잃고 근육이 지나치게 수축되어 무력해져서 자유로운 신체활동이 곤란해지는 것'이다. 표현을 바꾼다면 '머리로 피가 올라가 멍해져버려 뭐가 뭔지 알 수 없게 되어 손발이 움직이지 않게 되는 것'을 말한다. 이래서 시합에서 질 것이 뻔하다.

그렇지만 여기서 다시 한 번 생각해보자. 한 가지 중요한 것이 숨어 있다. 그것은 의식과잉이라는 것이다. 어느 원인이 의식과잉에 있다는 것이

◆ 모교의 명예를 위해 싸운다.

다. 무슨 일이 있을 때마다 인간에게는 '의식'이 필요하다. 그렇지만 그것이 '과잉'이 되면 안 된다.

그럼 시합에 임했을 때 어떤 의식이 머리에 떠오를까 알아보자.
① 과연 이 시합에 이길 수 있을까.
② 상대는 강해 보인다.
③ 대회의 분위기가 숨막힐 것만 같다.
④ 나의 승리를 기대하고 있는 사람이 많다.
⑤ 모교의 명예를 위해 이기지 않으면 안 된다.
⑥ 어젯밤에 잘 자지 못했기 때문에 컨디션이 좋지 않다.

등등의 의식이 잇따라 떠오를지도 모른다.

그렇다고 해서 이것을 전부 없애버릴 필요는 없다. 시합을 하는 상대도 비슷한 생각을 가지고 있기 때문에 그 점에 관해서는 조건이 같다.

문제는 그 다음의 '과잉'이다. 다시 말해서 그런 의식이 과잉이 되어서는 안 된다. 시합 전에 영양가있는 식품을 먹는 것은 중요하지만 영양분을 지나치게 섭취하면 오히려 몸이 무거워진다든가 위에 부담을 주어 도리어 몸의 컨디션을 좋지 않게 만드는 원인이 되는 것과 같다. 굳이 스스로 의식을 과잉시킬 필요는 없다. 그것이야말로 스스로 자기 자신을 괴롭히는 일일 뿐이다.

따라서 얼지 않기 위해서는 첫째로 어떤 의식이 떠오르는 간에 태연해져야 한다. 인간으로서 그런 의식이 떠오르는 것은 당연한 일이라고 생각해야 한다. 더구나 그 의식은 시합을 방해하는 것이 아니라고 생각해야 한다. 그렇게 하면 기분도 훨씬 편해지기 마련이다. 그리고 상대도 같은 의식을 가지고 있다는 것을 상기한다. 자기만이 아니다. 그렇게 해놓고 그 의식을 그 이상 진행시키지 않는 것이다.

만약 얼었다 하더라도 몸만은 자유롭게 움직이는 훈련을 평소부터 해본다. 얼지 않도록 노력을 아무리 하고 있어도 역시 실제로 시합에 임하면 아무래도 얼어버리는 사람도 있다. 아니 오히려 그런 사람이 더 많을 것이다.

그럼 어떻게 하면 좋을까? 시합에서 얼어서 곤란하다는 것은 몸이 움직이지 않게 되기 때문이다. 그렇다면 아무리 얼더라도 몸만 마음대로 움직여준다면 시합에는 지장이 없을 것이다. 다시 말해서 언다는 것, 즉 '마음'과 '몸'의 관계를 분리해버리면 된다. 만일 마음이 의식과잉 때문에 안정을 잃고 나쁜 상태가 되더라도 몸만은 그 마음에 영향을 받지 않고 마음대로 움직여서 시합을 훌륭하게 진행시킬 수 있으면 된다.

몸과 마음을 분리한다는 것은 대단히 곤란한 것처럼 보이지만 이것은 훈련에 의해서 쉽게 할 수 있다. 사람의 몸이라는 것은 참으로 견고해서 예를 들면 깊이 잠들어도 몸의 어딘가 가려운 곳이 있으면 어느 틈에 긁고 있다. 이런 것은 마음과 관계없이 손이 움직여서 원하는 일을 하고 있는 증거이다.

요컨대 평소에 잘 훈련해둔다면 마음은 아무리 얼어도 손발은 자유롭게 움직여주는 법이다. 언 상태로 뭐가 뭔지 모르는 채 우승했다는 경험이 있는 선수도 실제로는 많이 있다.

여러 스포츠에서 볼 수 있는 파인 플레이 등은 오히려 이런 심리 상태일 때 많다는 것도 사실이다.

어느 마음을 다른 곳에 두고 시합을 할 수 있게 된다면 성공이다. 어느

◆ 평균대의 묘기─평소의 훈련으로 몸이 저절로 움직인다.

◆ 마음을 다른 곳에 둔 두 사람의 승부는 과연 어느 쪽에……

'마음'이라는 것은 그 사람에게 있어서 매우 성가신 것이다. 시합 때는 큰 짐이다. 이 짐을 짊어지고 시합을 한다는 것은 큰 부담이다. 그래서 시합 때만은 이 짐을 다른 장소에 내려놓으면 어떨까? 그렇게 하면 훨씬 몸이 가벼워지고 몸도 잘 움직여서 시합에도 틀림없이 이길 수 있게 될 것이다.

그런 일을 할 수 있을까? 이것도 노력이 필요하다. 다만 그다지 긴 시간은 필요로 하지 않는다. 시합 시간은 4분이나 5분이기 때문에 4~5분간만 그렇게 하면 되는 것이다.

그런데 자기 '마음'을 꺼내 다른 장소에 둔다는 것은 비과학적이라고 생각하는 사람이 대부분일 것이다. 그런 사람은 자문(自問)해보기 바란다.

자기 마음을 꺼내서 다른 장소에 두는 것이 비과학적이라고 생각하는 자기 마음은 지금 어디에 두고 있는 것일까? 만약 신체 기관 속에 '마음'이 있어 그것을 꺼낸다는 것은 그야말로 비과학적이며 불가능하다고 할 수 있다. 그렇지만 자기 '마음'은 여기에 두고 있다고 단언할 수 있는 사람은 아마도 없을 것이다.

그렇지만 어딘가에 있는 것은 사실이다. 그것을 확인하고 시합 때만 방해가 되지 않는 장소로 옮기는 노력이 필요하다. 좀 곤란한 작업일지도 모르지만 어쨌든 해보는 것이다. 왜냐하면 이것도 검도 수업의 하나이기 때문이다.

4. 망설임을 없앤다

시합에 이기는 비결은 지지 않는 것이고 지는 최대의 원인은 '언다'는 것에 있고 두 번째는 망설이는 것이다. '망설임'은 바른 궤도에서 벗어나버려 아무리 걸어다녀도 본래의 길을 발견할 수 없는 상태를 길을 잃는다고 한다. 검도 시합을 할 때 '망설임'이 생겼을 경우, 꼭 길을 잃었을 때와 같은 심리 상태가 된다. 우선 조급해진다. 목소리가 나오지 않게 되고 자신이 없어진다. 손이나 발의 움직임이 원활하지 못하고 몸 전체의 균형이 깨져버린다. 이런 상태에서 어떻게 시합에 이길 수 있겠는가.

그렇기 때문에 한참 시합을 하고 있을 때 망설이는 것을 경계해야 한다. 만약 망설이면 시합에 반드시 진다고 생각해도 좋을 것이다.

그런데 사람은 망설이면 안 된다는 것을 알고 있으면서도 망설이는 법이다. 왜 망설이는 것일까?

그것은 배운 것이 있기 때문이다. 아기의 경우는 배움이 없기 때문에 망설이는 일이 없다. 그러므로 검도 시합 중에 망설임이 나타날 때는 자기의 지식을 전부 제거하고 아기처럼 되는 것이 필요하다. 그것은 곧 '마음속에 구름 한 점 없는 맑게 갠 푸른 하늘을 연상하고, 그 속으로 자기를 융합시키고 마는' 것 같은 자기 암시를 건다. 이것이 성공하면 일체의 망설임이 사라질 것이다.

그렇지만 여러 가지 지식을 가지고 있는 사람으로서는 이 작업이 상당히 어려운 일이다. 아무도 없는 조용한 장소에 홀로 앉아서 명상하는 것은 아주 쉽지만 시끄러운 장소에서 시합을 속행하면서 한편으로 이런 마음 상태를 갖는 것은 쉽지가 않다. 그렇지만 시합에 임했을 때야말로 이 작업을 성공시키지 않으면 의미가 없다. 상대와 죽도를 교차시키고 시합을 하고 있는 자리에서 성공시키는 것이 중요하다.

망설임이 없어지면 행동으로 나타낸다. 망설임이 없는 마음으로 만드는 작업이 성공하면 지체없이 행동으로 나타내야 한다. 마음의 망설임을 제거했다고 해서 기뻐하고만 있어서는 아무런 소용도 없다. 망설임이 없는 마음으로 만든 의미가 없다.

검도 시합은 극단적인 표현을 한다면 먹느냐 먹히느냐, 사느냐 죽느냐, 이기느냐 지느냐, 둘 중의 하나이기 때문에 망설임이 없어진 그 순간에 뛰어들어가서 상대를 공격해야 하는 것이다.

마음의 망설임을 없애는 것은 시합을 하는 짧은 시간뿐이다. 영원히 마음의 망설임을 없애는 것이 인생의 최대 목표이지만 이것은 매우 곤란한 일이다. 어지간한 수련을 쌓지 않으면 도저히 불가능하다. 유명한 명상가라든가 철인(哲人)이라든가, 성인(聖人)이라고 불린 사람들만이 이 경지에 도달한다.

물론 우리도 거기까지 도달할 수가 있다면 더 말할 나위가 없을 것이다. 그렇지만 그것은 도저히 무리이다.

굳이 마음의 망설임을 영원히 제거하려는 지나친 욕심은 부릴 필요는 없다. 다만 1년에 몇 번 출전하는 시합 때만이라도 그렇게 하면 된다. 그것도 불과 몇 분이란 짧은 시간이다. 그 짧은 동안만 마음의 망설임을 없애는 작업을 하고 그것을 성공시키면 되는 것이다.

그것이라면 대부분의 사람이 할 수 있는 것이다. 몇 분간이라는 짧은 시간에 관심을 가지고 작업하는 방법을 알아 자기 마음을 그런 상태로 만드는 단련을 해둔다면 반드시 자신감이 생길 것이다. 그 자신이 중요한 것이다.

마음의 망설임을 없애면 전진한다. 옛날 수도자들은 마음의 단련에 대

◆ 지체없이 뛰어들어간다.

단한 노력을 했다. 또 마음의 망설임이 없어진 상태에서 행동하는 것을 여러 가지 표현으로 후세 사람들에게 가르치고 있다. '대용맹심(大勇猛心)'이라는 것도 그 중의 하나이다. 이것은 망설임이 없는 마음이 되면 즉각 행동을 일으킨다는 뜻으로 이 '대용맹심'이 시합에서 반드시 당신을 승리로 이끌어줄 것이다.

또 '맥진(驀進)'이라는 말은 좌우를 돌아보지 않고 앞으로만 전진한다는 뜻이다. 이렇게 할까, 저렇게 할까 하고 망설이며 헤매고 다닌다는 것과 정반대의 행동이다. 시합 중에 상대의 말에 아주 조금 틈이 보인다면 다음 순간에는 손발이 움직여서 죽도가 일직선으로 상대의 머리를 겨누고 날아간다는 것이 맥진이다.

마음의 망설임을 제거한 순간 재빨리 치고 나가는 검의 날카로움과 빠름에 상대는 어떻게 할 수 없다. 절대불패(絕對不敗)의 검도의 비결이라고 할 수 있다.

◆ 몇 분간의 시합에 전부를 건다.

절대불패의 검도란 '지지 않는 검도'라고 할 수 있다. 원인이 얼어버리는 마음에 있다면 그 짐이 되는 마음을 몸에서 분리해서 잠시 다른 곳에 두고 시합을 한다.

망설이는 마음이 지는 원인이라고 하다면 '푸른 하늘의 마음' 혹은 명경지수(明鏡止水)와 같은 마음으로 만든다. 그리고 다음 순간에는 지체없이 상대를 공격한다. 이것을 자득(自得)했다면 시합은 반드시 이길 수 있을 것이다.

그것도 그렇게 어려운 일이라고 생각할 필요는 없다. 불과 1,2분 동안만 그 작업을 성공시키면 된다. 요령만 익혀버리면 간단한 일이다. 범용(凡庸)한 나 같은 사람은 도저히 할 수 없다고 단념해버리는 사람이 많은데 결코 단념할 필요는 없다. 어떤 순간에 요령을 알게 되는 법이므로 거창하게 생각할 필요는 없다.

그렇지만 중단 자세를 교정한다든가, 격자의 요령을 가르치는 것과 달라서 마음의 문제는 지도하는 쪽도 상대의 마음속으로까지 들어가서 지도

할 수는 없기 때문에 어느 단계 이상을 아무래도 본인 자신의 힘에 의해서 터득해야 한다. 소위 자득(自得)하는 것이다.

그런데 마음의 문제라고 하면 심각하게 생각하고 손이 닿지 않는 고매(高邁)한 것으로 오해하고 단념해버리는 사람이 많다. 대발명이나 대발견도 그 발단은 흔하고 평범한 것이다. 요점은 단념하지 말고 자기도 반드시 할 수 있다는 자신감을 갖는 것이다. 즉 매일 매일의 연습 속에 절대불패의 검도를 추구하는 마음을 가져야 한다.

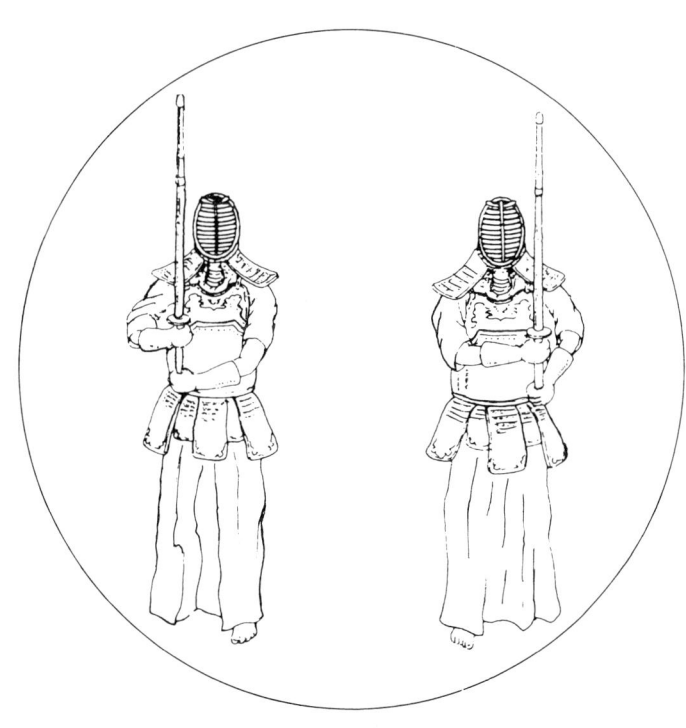

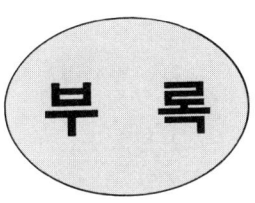

부 록

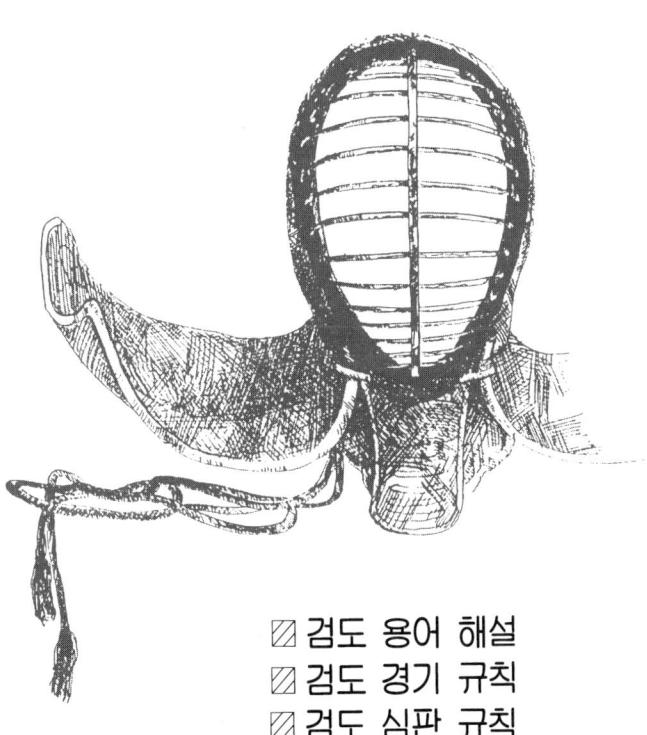

- 검도 용어 해설
- 검도 경기 규칙
- 검도 심판 규칙
- 경기 운용상의 유의사항

검도 용어 해설

▨ 合氣(합기)

자신이 공격하면 상대도 공격하고, 자신이 후퇴하면 상대도 후퇴한다. 공방 공히 동기(同氣)가 되어 서로가 마치는 것을 말한다. 공격할 때는 이 합기(合氣)를 피하고 공격해야 한다.

▨ 虛實(허실)

실(實)은 정신이 충실(充實)하여 방심없는 상태를 말한다. 허(虛)는 실의 반대이며 심신에 대비가 없을 때를 말한다. 실이 있으면 꼭 허가 있고, 강한 데가 있으면 꼭 약한 데가 있다. 시합에서는 이 허를 겨누는 것이 중요하다.

▨ 공방일치

공격과 수비가 끊임없이 밀접한 관계를 가지고 진행되는 것을 말한다. 거는[懸] 것 속에 방어기(防禦技)가 포함되고, 기다리는[待] 속에 거는[懸] 기(氣)가 포함되어 있다는 것을 말한다.

▨ 三殺法(삼살법)

죽도를 죽인다 : 상대의 죽도를 좌우로 누르기, 감기, 털어내기 등으로 죽도의 자유동작, 즉 검선을 죽이는 것을 말한다.

기(技)를 죽인다 : 선(先)을 잡고 틈없이 공격을 계속하여 상대가 기를 사용할 수 없도록 하는 것을 말한다.

기(氣)를 죽인다 : 끊임없이 기(氣)를 전신에 넘치게 하여 선(先)의 기를 가지고 상대가 나오려고 하는 것을 이쪽에서 먼저 나가려고 하는 기위(氣位)를 나타내어 상대의 해이된 곳을 틈없이 공격하는 것을 말한다.

▨ 存心(존심)

치고 난 후 마음을 남기는 것으로 치고 난 후에도 방심하지 않는 태도를 유지하는 것을 말한다. 상대를 쳤을 때는 유감없이 치고 공격이 무효가 되면 연속하여 칠 수 있도록 조금의 방심도 없는 대비를 하여 언제나 상대의 공격에 대응할 수 있도록 준비하고 있는 것을 말한다.

▨ 四季(사계)

경구의혹(警懼疑惑)을 말한다. 그 중 하나라도 마음속에 있다면 마음은 혼란되어 상대에게 틈이 있어도 발견할 수가 없고 자신이 위축되어 틈이 생긴다.

경(警)이란 예기하지 않았던 일이 생겨 마음이 동요되는 것으로 그로 인해 일시 심신의 활동이 혼란되어 정상적인 판단을 내릴 수가 없어 적당한 조치를 취할 수가 없다.

구(懼)란 공포이며 그것이 정신활동을 침체시켜 손발의 활동을 잃게 한다. 상대의 체격이 크다고 해서, 기합 소리가 크다고 해서, 또 상대의 허세에 공포를 느껴서는 안 된다.

의(疑)란 의심을 가지게 되는 것으로서 의심을 가졌을 때는 정상적인 마음으로 판단할 수가 없어 결단을 내리지 못한다.

혹(惑)이란 마음이 방황하여 정신이 침체되어 신속한 판단, 경쾌한 행동을 취할 수 없게 된다.

▨ 止心(지심)

마음을 하나로 그치는 것으로서 상대의 전체를 보지 않고 일점(一点)에만 마음을 집중시키고 마는 것을 말한다. 상대가 공격해오는 죽도를 받는다, 피한다, 그것에 마음을 빼앗겨 자신의 동작이 둔화되는 것을 말한다.

▨ 守破離(수파리)

수(守)란 검도를 배우는 데 있어서 스승의 가르침을 충실히 지키고 검리(劍理)·기(技)를 수업하는 것을 말한다.

파(破)란 지금까지 배운 유파의 가르침(규칙·법칙)을 충분히 체득하고 다시 다른 유파의 좋은 점을 배움으로써 스승 이상의 힘을 자기의 것으로 할 수 있다. 그러나 스승에의 예의는 잊지 않고 은혜에 보답하지 않으면 안 된다.

이(離)란 파(破)의 심경이며 힘의 일단(一段) 진보한 상태를 말한다. 심신이 자유자재이며 검(劒)에 의해 그것을 다한 상태가 된다. 자연과 창의도 생겨 더 나아가서는 새로운 유파를 발생시킬 수도 있다.

▨ 心氣力一致(심기력일치)

심(心)이란 지각·판단·사고 분별을 하는 것으로서 심(心)의 정적(靜的)인 면이다.

기(氣)란 의지이며 마음의 판단에 의해서 활동하는 것으로서 마음의 동적(動的)인 면이다.

역(力)이란 5체의 힘이며 죽도를 가지고 공격하고 내딛는 힘이다.

이 세 가지가 동시에 순간적으로 작용함으로써 유효한 공격을 할 수가 있다.

▨ 틈

공격할 수 있는 상대의 정신상태. 이것에는 동작이 일어나고 체력·기력이 다했을 때, 기(技)를 실패했을 때에 나타난다. 그 밖에 호흡·눈동작 거(居) 등이 있어 공격하여 틈〔隙〕을 만드는 경우와 상대 자신이 만드는 경우도 있다.

▨ 先(선)

'선(先)의 선(先)'이란 죽도를 가지고 상대와 마주봤을 때 서로가 상대를 공격하려는 의지를 가지고 있다. 이 공격하려고 하는 상대의 의지, 즉 죽도의 움직임을 빨리 기미(機微) 사이에 확인하고 상대보다 먼저 선제하는 것을 말한다.

'선의 선'이란 상대가 틈을 보고 공격해오는 것을 상대가 실효를 거두기 전에 빨리 선제하여 이기는 것이며, 스쳐올리기를 하고 치거나 몸을 피하여 치는 것이다.

'후(後)의 선'이란 상대가 틈을 보고 공격해왔을 때 간격을 이용하여 상대에게 허공을 치게 하거나 또는 몸을 피하여 그 후에 공격하는 것으로서 상대의 동작이 형태로 나타나서 공격하는 기를 말한다.

▨ 손의조임

① 자루를 잡은 양손의 잡는 방법(중단 자세 참조) ② 힘을 넣는 방법(중단 자세 참조) ③ 공격할 때의 양손의 긴장 상태와 균형 ④ 공격 후 양손의 긴장이 풀린 상태 등이 네 가지를 총합적으로 말하여 손의 조임이라고 한다.

▨ 品格(품격)

마음과 기가 숙달되면 자연히 갖추어지는 것으로서 무리하게 갖추려고 해도 갖추어지지 않는다. 훌륭한 자세를 모방해도 혼이 들어 있지 않으면 아무것도 되지 않는다. 검도를 꽃으로 비유한다면 향기와 같은 것이다.

▨ 平常心(평상심)

평시의 마음, 즉 인간 본래의 마음 상태를 말한다. 검도 일정한 간격을 두고 싸우는 것이 중요하지만 서로가 공격할 때는 마음이 동요한다. 그 순간에 틈이 생겨 공격을 당하게 된다. 평상심을 상하게 하는 것은 경(驚), 구(懼), 의(疑), 혹(惑)이며 이것을 사계(四戒)라고 한다. 마음이 동요하면 적절한 공방이 불가능해진다. 이것을 배척하여 평상심을 수양하여 사회활동에 적응시키는 것이 검도의 하나의 목적이다.

▨ 放心(방심)

마음을 물질에 빼앗기지 않도록 하는 것을 말한다. 마음이 물질에 현혹되는 일이 없이 자유자재의 상태로 있으면 어떤 일에도 대처할 수가 있다.

▨ 物打(물타)

검선에서 10~15cm 정도의 곳이며 줄의 반대쪽의 부위를 말한다. 쳤을 때 가장 힘이 많이 들어가는 곳이다. 초보자가 공격할 경우 우선 이곳에서 공격 부위를 치도록 유의할 필요가 있다.

▨ 理合(이합)

검(劍)의 법칙이나 도리에 따른 공격법을 말한다. 예를들면 공격의 기회가 있는 것처럼 상대의 실(實)를 피하여 허를 치고, 후퇴할 때를 치고, 나오려고 하는 것을 치는 등, 무작정 공격하는 것이 아니고 무리없는 공격을 이(理)에 맞은 공격법이라고 한다.

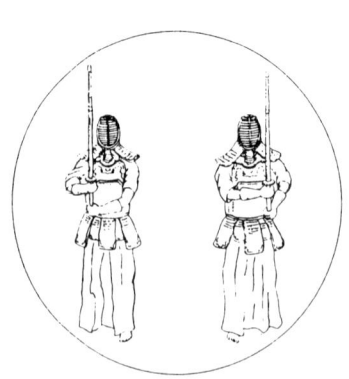

검도 경기 규칙

이 규칙은 대한검도회에서 제정하여 시행하고 있는 경기규칙과 심판규칙이다. 그리고 경기 운영상의 유의사항도 곁들였다. 이 규칙은 1989년 4월 1일부터 시행되고 있다.

경기규칙

제1장 경기의 정의

〔정의〕
제1조 경기는 경기자 쌍방이 검도경기규칙 및 심판규칙(이하 규칙이라 함)에 따라 규정된 경기장에서 검도용구를 사용하여 서로 유효격자를 겨루어 심판원의 판정에 의해 승패를 결정하는 것이다.

제2장 경 기 장

〔경기장〕
제2조 경기장의 규격은 다음과 같다.
 1. 경기장은 구획선을 포함하여 9m~11m의 정방형 또는 장방형으로 한다.
 2. 경기장의 중심은 각선이 30cm 길이의 X표로 표시한다.
 3. 경기장의 외측에는 폭 1.5m 이상의 여지가 있어야 한다.
 4. 각선의 폭은 5cm×10cm로 하고 백색을 원칙으로 한다.

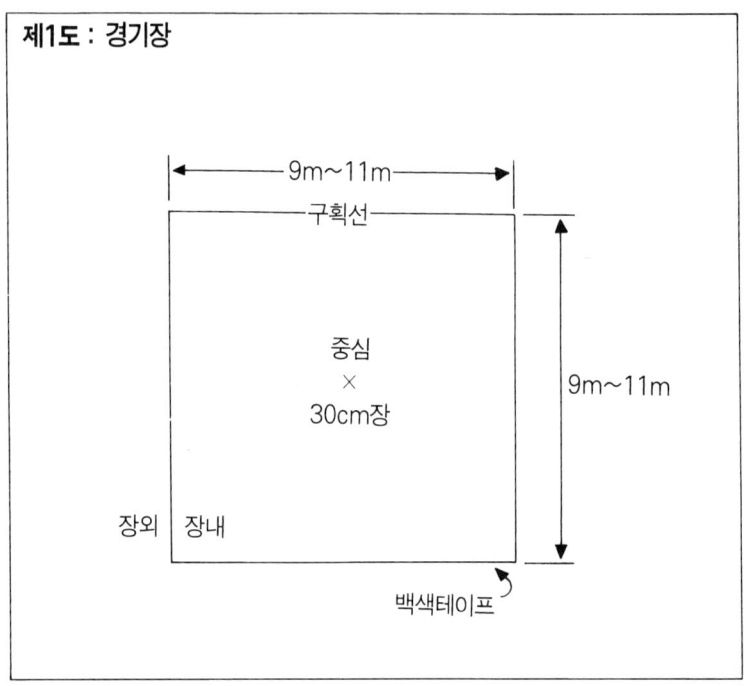

제3장 용 구

[죽도의 정의]

제3조 죽도는 네 쪽의 대나무나 화학제품으로 만들어 선혁 내부의 심, 칼자루에 몸체를 맞추기 위한 철편 외의 이물질을 넣어서는 안 된다.

[죽도의 규격]

제4조 죽도의 규격은 다음 표와 같다. 길이는 부속품을 포함한 완성품의 전장(全長)을 의미하며, 중량은 코등이를 제외한 완성품의 중량이다.

다만, 두 자루의 죽도를 사용할 경우에는 한 자루는 길이 114cm 이내, 중량은 425g 이상, 다른 한 자루는 길이 62cm 이내, 중량은 360g 이상으로 한다.

죽도 규격

	성 별	중 학 생	고 교 생	대학생 / 일반
길이	남·녀 공통	114cm이내	117cm이내	120cm이내
중량	남	425g이상	470g이상	500g이상
	여	400g이상	410g이상	420g이상

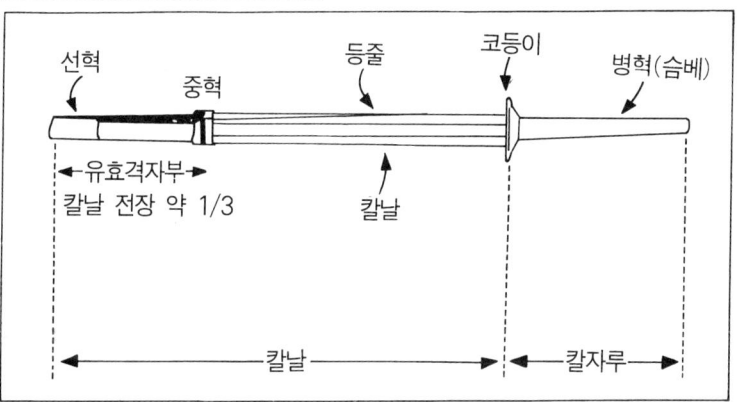

제2도 : 죽도의 구조 및 명칭

〔죽도의 구조 및 각 부의 명칭〕

제5조 죽도의 구조 및 각 부의 명칭은 제2도와 같다.

〔코등이〕

제6조 코등이는 피혁 또는 화학제품으로 만든 원형의 것으로 한다. 크기는 직경 8cm 이내로 하여 소정 위치에 고정시킨다.

〔검도구와 복장〕

제7조
1. 검도구는 호면, 호완, 갑, 갑상을 사용하고 도복은 상의와 하의로 구분된다.
2. 경기자는 등 뒤 감끈 교차점에 흑색 또는 색색의 등대를 중앙에서 둘로 접어서 매고 갑상 중앙 다래에 반드시 소속 단체와 성명을 명기한 천으로 만든 명찰을 착용한다.

제4장 경기의 종류 및 방법

〔경기의 종류 및 방법〕

제8조 개인경기는 다음 방법에 의하여 행한다.
1. 개인경기는 3판 승부를 원칙으로 한다.
2. 3판 승부는 경기시간 내에 2판 선취한 자를 승으로 한다.
     다만, 제한시간 내에 한쪽만이 한 판을 취하였을 경우에는 이를 승자로 한다.
3. 제한시간 내에 승부가 결정나지 않았을 때는 연장전을 행하고, 한 판 선취자를 승자로 한다.
4. 판정 또는 추첨에 의해 승부를 결정하였을 경우에는 승자에 대하여 한 판을 준다.
5. 판정에 의하여 승패를 결정할 경우에는 다음 기준에 의하여 종합적으로 판정한다.
   (1) 반칙
   (2) 자세, 태도
   (3) 기능

제9조 단체경기는 다음 방법에 의하여 행한다.
1. 미리 정해진 순서에 따라 개인경기를 행하고 단체의 승패를 결정한다.
2. 경기는 승자수법(勝者數法)과 연승법(連勝法)의 두 방법이 있다.
   (1) 승자수법은 승자의 수에 따라 단체의 승패를 결정하는 방법이다.
        다만, 승자가 동수인 경우에는 대표전을 행하여 승패를 결정한다.
   (2) 연승법은 승자가 시합을 계속하여 단체의 승패를 결정하는 방법이다.

제5장 경기의 시작, 중지, 재개 및 종료

[경기의 개시]
제10조 경기는 경기자가 상호 예를 하고 주심의 시작 선고로 개시한다.

[경기의 중지 및 재개]
제11조 경기는 경기 중에 심판원의 중지의 선고로 중지하고 주심의 재개의 선고로 재개한다.

[경기의 종료]
제12조 경기는 주심의 승패 및 비김의 선고로 종료하고, 경기자는 죽도를 꽂고 예를 한다.

제6장 경기의 시간

[경기시간]
제13조 경기시간은 5분을 기준으로 하고 주심의 개시의 선고부터 경기시간의 종료까지로 한다.
제14조 연장전의 시간은 3분을 기준으로 한다.
제15조 다음 시간은 경기시간으로 간주하지 않는다.
  1. 주심이 유효격자의 선고를 하고 경기개시까지 소요된 시간.
  2. 심판원이 경기의 중지를 선고하고 경기개시까지 소요된 시간.

제7장 격 자

[격자의 부위]
제16조 격자의 부위는 다음과 같다.
  1. 머리 부위(정면, 관자놀이부 이상의 우면 및 좌면) : 머리 부위는

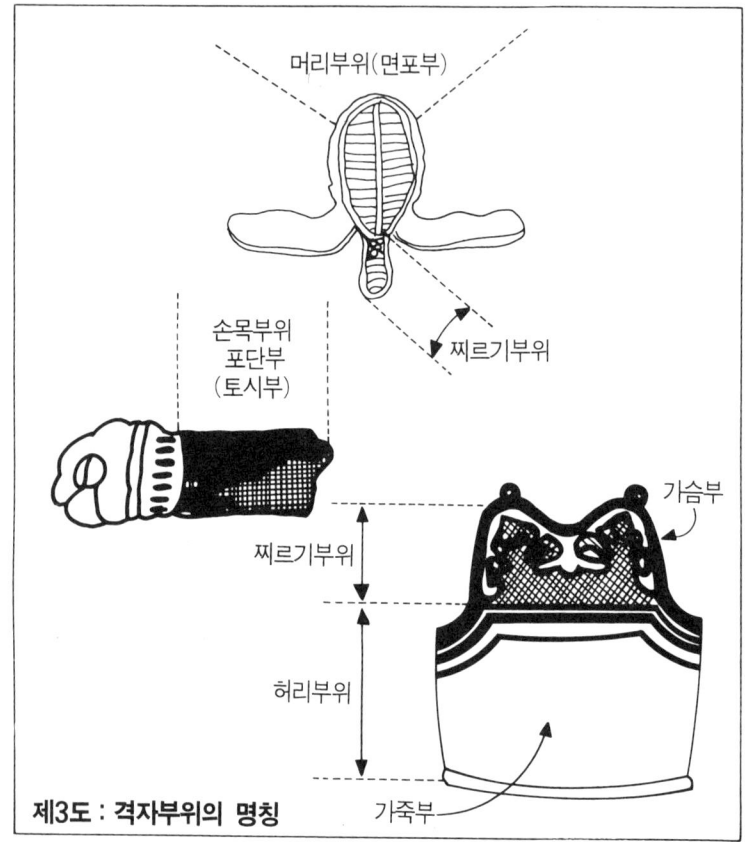

제3도 : 격자부위의 명칭

    면포부를 의미하며 면금부는 포함되지 않는다.
      다만, 상대가 면금부를 위로 했을 경우는 제외한다.
2. 손목 부위(오른쪽 손목 및 다음의 경우의 왼쪽 손목의 토시부) : 왼손을 앞으로 잡은 중단세, 상단세, 우어깨칼세, 두 개의 죽도 자세, 위로 올라간 손목, 기타 변형된 중단세.
    (위로 올라간 손목이라 함은 격자시를 제외하고 왼쪽 주먹이 명치보다 위로 올라가 있을 경우를 말한다.)
3. 허리 부위 : 오른쪽 허리, 왼쪽 허리의 가죽으로 되어 있는 부분.
4. 찌르기 부위 : 목 부분을 말한다. 다만, 상단세 및 두 개의 죽도

자세에 대하여는 가슴 부위를 인정한다.

〔유효격자〕

제17조
1. 유효격자는 충실한 기세와 적법한 자세로서 죽도의 유효격자부로 격자 부위를 올바른 칼자세로 격자하고 존심(存心)이 있는 것으로 한다.
　　　다만, (1) 편수격자(片手擊刺), 퇴격격자(退擊擊刺)는 특히 확실해야 한다.
　　　　　(2) 코등이 싸움으로부터 떨어지며 행한 격자는 특히 확실하지 않으면 안 된다.
2. 다음 경우의 정확한 격자도 유효로 한다.
　(1) 죽도를 떨어뜨리거나 넘어진 상대에게 가해진 격자
　(2) 장외로 나가는 것과 동시에 행해진 격자
　(3) 경기시간 종료 신호와 동시에 행해진 격자
3. 다음 경우의 격자는 유효로 인정하지 않는다.
　(1) 상격(相擊)
　(2) 칼 끝이 상대의 상체 전면에 닿아 있으며 상대를 견제하고 있을 경우

제8장 반　　칙

〔반칙〕

제18조　경기자가 제19, 20, 21조의 각 행위를 했을 경우에는 반칙으로 한다.

제19조　상대 또는 심판원의 인격을 무시하는 언동을 하는 것

제20조　부정죽도(미검인(未檢印)의 죽도 및 이물질이 포함된 죽도) 사용

제21조　경기자가 다음 각 호에 해당하는 행위를 하였을 때
1. 경기 중에 장외로 나가는 것

다만, 유효격자의 선고 후 취소가 있었을 경우는 제외한다.
장외로 나간다 함은 다음과 같은 것을 뜻한다.
(1) 한쪽 발이 완전히 구획선 밖으로 나갔을 경우
(2) 구획선 밖에서 신체의 일부나 또는 죽도로 몸을 지탱할 경우
(3) 넘어졌을 경우에 신체의 일부가 구획선 밖으로 나갔을 경우
2. 부당하게 상대를 밖으로 밀어내거나 또는 찔러대는 행위
　　다만, 이 경우 상대는 장외 반칙이 아니다.
3. 경기 중에 자기 죽도를 양손에서 놓쳐서 사용할 수 없게 되었을 경우
　　다만, 죽도를 놓친 직후에 상대로부터 유효격자를 당했을 경우에는 반칙이 적용되지 않는다.
4. 격자의 의사가 없는 코등이 싸움
5. 상대의 다리를 걸거나 후리는 행위
6. 경기 중 경기의 공정을 해치는 다음 각 항의 행위
　(1) 위법의 코등이 싸움
　(2) 코등이 싸움에서 떨어지기 위해 고의로 상대를 죽도 끝으로 찔러대는 행위
　(3) 불법으로 상대에게 손질을 하거나 또는 껴안는 행위
　(4) 상대의 죽도를 잡거나 또는 자기 죽도의 칼날 부분을 잡는 행위
　(5) 정당한 이유없이 경기의 중지를 요청하는 일
　(6) 폭력행위
　(7) 넘어졌을 경우, 상대의 공격에 응하지 않고 엎드리는 등의 행위
　(8) 고의로 경기시간을 낭비하는 행위
　(9) 기타 경기의 공정을 해친다고 생각되는 행위

제9장 벌　　칙

[벌칙]

제22조　제19조의 반칙을 범한 자는 패자로 하고 심판원은 상대자에게 두 판을 주고 퇴장을 명한다. 이 경우 퇴장당한 자의 기득권은 인정하지 않는다.

제23조　제20조의 반칙을 범한 경우, 심판원은 다음 방법에 의하여 처리한다.
1. 개인경기의 경우는 부정죽도 사용자를 패자로 하고, 상대자에게 두 판을 주며, 기득판수 및 기득권은 인정하지 않는다.
2. 단체경기의 경우는 부정죽도 사용자가 있는 단체를 패로 하고 상대방 단체의 전선수에게 각각 두 판을 주며 기득판수 및 기득권을 인정하지 않는다.
3. 부정죽도의 사용을 발견한 이후는 그 개인 및 그 개인이 소속된 단체의 선수는 경기를 계속할 수 없다.
4. 상기 1, 2항은 부정죽도 발견 이전의 경기까지 않는다. 다만, 리그전의 경우에는 리그전의 경기 전부를 패로 한다.

제24조　제21조 1항에 관하여는 경기자 쌍방이 전후하여 장외로 나갔을 때는 먼저 나간 경기자를 반칙으로 하고, 동시에 나갔을 때는 쌍방 공히 반칙으로 한다.

제25조　제21조 4항의 행위를 범했을 경우, 처음 한 번은 주의를 주고 두 번째부터는 반칙으로 한다.

제26조　제21조 4항을 제외한 행위를 범했을 경우, 매회마다 반칙으로 하고 두 번 범했을 때는 상대에게 한 판을 준다.

제27조　제21조의 반칙은 한 경기를 통하여 적산(積算)한다.

[벌칙의 상쇄]

제28조　연장전 및 쌍방이 한 판씩 취하고 있을 경우, 두 번째 반칙

을 쌍방이 동시에 범했을 때는 심판원은 그 행위를 상쇄하고 반칙으로 계산하지 않는다.

제10장 경기 중 부상 또는 사고가 생겼을 경우

[경기의 일시중지 요청]
제29조 경기자는 사고 등으로 인하여 경기를 계속할 수 없을 경우에는 경기의 일시중지를 요청할 수 있다.

[경기불능]
제30조 부상으로 인하여 경기를 계속할 수 없을 때, 그 원인이 한쪽의 고의 또는 과실로 인하여 생겼을 경우에는 그 원인을 범한 자를 패로 하고 그 원인이 명료치 않을 때는 시합불능자를 패로 한다.

제31조 사고 등으로 인하여 경기를 계속할 수 없는 자, 또는 경기의 중지를 요청한 자는 패로 한다.

[사고처리 소요시간]
제32조 사고 등으로 인하여 경기의 계속 가부의 판단은 의사의 의견을 들어서 심판원의 종합판단에 의하는 것으로 하고, 그 처리에 요하는 시간은 원칙적으로 5분 이내로 한다.

[경기불능 ; 중지 요청자의 재출장]
제33조 단체경기의 경우는 제30, 31조에 있어서 일단 경기를 계속할 수 없다고 인정된 자 및 경기의 중지를 요청한 자는 그 후 시합에 출장할 수 없다.

[경기불능자의 기득점수]
제34조 제30, 31조에 의한 승자는 두 판승으로 하고, 경기불능자의 한 판은 유효로 한다.
  다만, 연장전의 경우에는 승자에게 한 판을 준다.

제11장 이의 제기

[이의신청]

제35조 심판원의 판정에 대하여는 아무도 이의를 제기할 수 없다.

제36조 이 규칙의 실시에 관하여 이의가 있을 경우에는 그 경기자의 경기가 끝나기 전에 감독은 심판장 또는 주임심판에 대하여 이의를 제기할 수 있다.

제12장 심 판

[심판장]

제37조 심판장은 공정한 심판을 수행하는 데 필요한 일체의 권한을 가진다.

[주임 심판]

제38조 두 경기장 이상에서 경기를 실시할 경우에 심판장을 보좌하기 위하여 코트 별로 주임심판을 둔다. 주임심판은 각각 해당 경기장의 심판장의 책임을 진다.

[심판원]

제39조 심판원은 주심 1명과 부심 2명으로 하고 유효격자와 반칙을 판정하는 데 있어 동등한 권한을 가지고 그 판정에 임한다. 주심은 관계 계원과 연락하여 경기의 진행을 도모하여 승패의 선고를 한다. 부심은 주심의 임무를 보좌한다.

제13장 계 원

[시계계]

제40조 시계계는 원칙적으로 주임 1명, 계원 2명 이상으로 하고 경기시간 계시(計時)에 임하고 경기시간 종료의 신호를 한다.

〔게시계(揭示係)〕

제41조 게시계는 원칙적으로 주임 1명, 계원 2명 이상으로 하고 심판원의 판정은 정확하게 게시한다.

〔기록계〕

제42조 기록계는 원칙적으로 주임 1명, 계원 2명 이상으로 하고, 유효격자의 부위 및 반칙의 종류와 횟수, 경기의 소요시간 등을 기록한다.

〔선수계〕

제43조 선수계는 원칙적으로 주임 1명, 계원 2명 이상으로 하고 선수의 소집, 용구의 검사 등에 임하여 경기가 지체없이 진행되도록 한다.

제14장 심판기 등의 규격

〔심판기 등의 규격〕

제44조 심판기 등의 규격은 제4도와 같다.

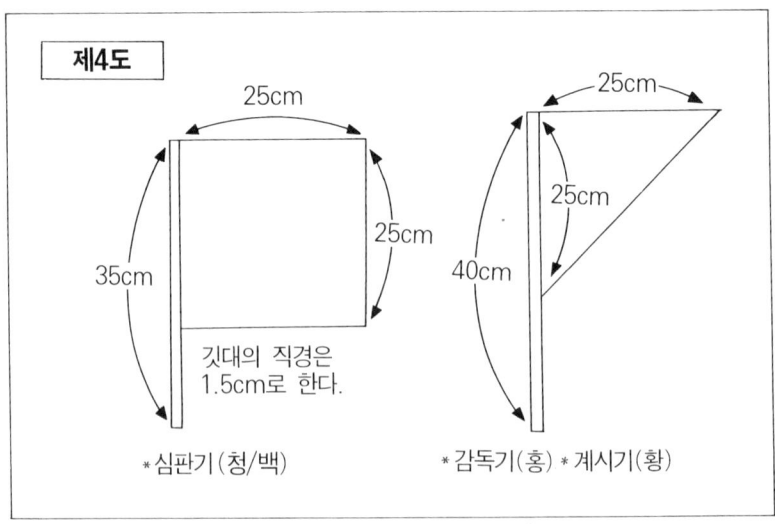

[경기자 등띠의 규격]

제45조 시합자의 등띠 규격은 그 길이를 70cm, 폭은 5cm로 하고 색깔은 청, 백 두 가지로 한다.

심판 규칙

심판규칙

제1장 승패의 결정

[승패의 결정]
제1조 경기의 승패 결정은 본 규칙에 따라 심판원이 행한다.

제2장 심   판

[심판의 구성]
제2조 심판의 구성은 심판장, 주임심판(두 시합장 이상의 경우), 심판원으로 하고 심판원은 원칙적으로 주심 1명, 부심 2명으로 한다.

[주심의 임무]
제3조 주심은 시합운영 전반에 관하여 권한을 가지고 심판기(이하 '기'라 함)로서 유효격자 및 반칙의 표시를 하며 경기가 종료되었을 때는 승패 또는 비김의 선고를 한다.

[부심의 임무]
제4조 부심은 유효격자 및 반칙의 표시에 관하여 주심과 동등한 권한을 가지며 운영상 주심을 보좌한다.
　　　또 위험방지, 반칙, 경기시간 종료 등 긴급을 요할 경우에는 주심을 대신하여 경기의 중지를 선고할 수 있다.

제3장 유효격자

〔유효격자의 결정〕
제5조 다음 경우에는 유효격자 한 판으로 한다.
 1. 2명 이상의 심판원이 유효격자의 표시를 하였을 때.
 2. 1명이 유효격자의 표시를 하고 다른 2명이 기권의 표시를 하였을 때.

〔유효격자 선고의 철회〕
제6조 경기자가 격자 후에 존심(存心)이 없을 경우에는 주심이 유효격자의 선고를 한 후라도 심판원은 합의하여 그 선고를 철회할 수 있다.

제4장 심판의 요령

〔심판의 요령〕
제7조 심판은 다음 요령에 의하여 심판을 한다.
 1. 주심은 두 경기자가 기가 충만하였을 때 경기개시의 선고를 한다.
 2. 심판원 중 한 사람이 유효격자 및 반칙의 표시를 하였을 경우에는 다른 심판원은 자기의 판단을 즉시 표시하지 않으면 안 된다.
 3. 주심은 유효격자가 결정되었을 경우, 유효격자의 선고를 하고 경기자를 중앙으로 돌려보낸 후에 다음 선고를 한다.
 4. 심판원은 합의가 필요하다고 인정하였을 경우에는 경기를 중지시키고 합의의 통고를 한 후 중앙에서 합의한다.
 5. 심판원은 반칙을 인정하였을 경우에는 경기를 중지시키고 합의한 후 반칙의 사실을 명시하여야 한다.
 6. 경기자가 시합 중에 시합의 일시중지를 요청하였을 경우에는, 경기를 중지시키고 중지요청의 이유를 묻는다.
 7. 심판원이 경기의 중지를 선고하였을 때는 경기자를 중앙으로 돌려

보낸 후 주심이 경기재개의 선고를 한다.
8. 주심은 경기 중 다음 경우에 상대자가 즉시 격자하지 않을 때는, 경기를 중지시키고 중앙으로 돌려보낸 후 경기를 재개시킨다.
   (1) 한쪽 경기자가 넘어졌을 때
   (2) 한쪽 경기자가 죽도를 떨어뜨렸을 때
9. 심판원은 경기자가 격자의 의사가 없는 코등이 싸움을 계속하였을 때는 다음 요령으로 처리한다.
   (1) 주심은 경기를 중지시킨다(약 20초).
   (2) 주심이 기로 표시한 후 즉시 부심도 표시한다.
   (3) 심판원은 원칙적으로 어느 한쪽의 경기자에 대하여 기로 표시를 하여야 한다.
   (4) 주심은 부심의 표시를 확인하고 경기자를 중앙으로 돌려보낸 후, 처음 한 번은 반칙자에게 주의를 선고하고, 두 번째부터는 반칙자에게 반칙의 선고를 한다.
10. 주심이 반칙을 상쇄할 경우에는 다음의 요령으로 처리한다.
    (1) 첫 번째의 경우에는 청, 백의 순으로 반칙을 선고하고 그 반칙의 선고를 상쇄하는 선고와 동시에 기의 표시를 한다.
    (2) 두 번째부터는 상쇄의 선고와 동시에 기의 표시를 한다.
11. 심판원은 경기 중에 경기자가 죽도를 뒤집어서 등줄이 위에 위치하지 않았을 경우에 이를 발견한 심판원은 주심에게 알리고 주심은 이를 한 번만 정확하게 지도를 하고, 이후 그와 같은 행위가 계속될 경우에는 유효격자로 하지 않는다.
12. 주심은 경기의 승패가 결정되거나 또는 경기시간이 종료되었을 경우, 경기를 중지시키고 경기자를 중앙으로 돌려보낸 후 승패의 선고를 한다.
    또 연장전을 할 경우에는 '연장'이라고 선고한 후, 경기개시의 선고를 한다.
13. 심판원은 판정에 의하여 승패를 결정할 경우에는 주심의 '판정'의 선고와 동시에 3명이 의사표시를 한다.

14. 단체전에 있어서 상대팀이 기권을 했을 경우에는 이긴 팀을 정렬시킨 후 주심이 손으로 승리 표시의 선고를 한다.

〔기의 표시방법〕
제8조 심판원은 다음 방법에 의하여 기의 표시를 한다.
1. 심판원은 유효격자를 인정했을 경우에는 유효격자 쪽의 기를 45° 각도 위로 일직선으로 올리고, 유효격자가 결정되었을 경우에는 그대로 정위치로 돌아온다.
   다만, 3자의 표시 결과 무효가 되었을 경우에는 즉시 기를 내린다.
2. 심판원이 유효격자로 인정하지 않을 경우에는 홍색기를 앞으로 하여 양기를 앞 아래에서 교차하듯이 옆으로 흔든다. 다른 심판원이 그 표시를 확인한 후에는 그 동작을 멈춘다. 유효격자가 결정되었을 경우에는 정위치로 돌아온다.
3. 심판원이 판정을 기권할 경우에는 홍색기를 앞으로 하여 양기를 앞 아래에서 교차시켜 정지한다. 유효격자가 결정되었을 경우에는 그대로 정위치로 돌아간다.
4. 주심이 유효격자의 선고를 할 경우에는 1의 경우와 같이 표시하고 선고한 후 정위치로 돌아간다.
5. 주심이 '두 판째' 또는 '승부'의 개시를 선고할 경우에는 심판원의 선고와 동시에 표시한 기를 내민다.
6. 심판원이 유효격자의 선고를 철회할 경우에는 합의한 후 주심이 양기를 앞 아래에서 교차하듯이 옆으로 흔든다.
7. 심판원이 경기의 중지를 선고할 경우에는, 양기를 똑바로 위로 올린 후 정위치로 돌아간다.
   다만, 경기자 쌍방이 중지의 선고 또는 표시를 확인한 후에는 양기를 내린다.
8. 주심이 '비김'의 선고를 할 경우에는, 홍색기를 앞으로 하여 양기를 앞 위에서 교차시켜 정지하고 선고한 후 내린다.
9. 연장전 및 쌍방이 서로 한 판씩을 취하고 있을 때, 두 번째의 반칙

을 동시에 범하여 심판원이 이를 상쇄할 경우에는 주심이 선고와 동시에 양기를 앞 아래서 교차하듯이 옆으로 흔든다.
10. 심판원이 합의의 통고를 할 경우에는 경기자에 대하여 경기의 중지를 선고한 후 오른손으로 양기를 똑바로 위로 올린다.
11. 심판원이 반칙을 인정하고 합의를 생략한 경우에는 반칙한 쪽의 기를 45° 각도 아래 일직선으로 표시하고 그대로 정위치로 돌아가 주심의 선고와 동시에 내린다.
12. 심판원이 반칙으로 인정하지 않고 합의를 생략했을 경우에는 2항과 같다.
13. 주심이 반칙으로 인한 한 판을 상대에게 주는 선고를 할 경우에는 상대쪽의 기를 1항의 경우와 마찬가지로 표시한다(이 경우 반대쪽에 대하여 손가락으로 횟수를 표시하여 반칙을 선고한 후 상대자의 기를 위로 올린다).
14. 심판원이 판정에 의한 승패를 결정하는 선고를 할 경우에는, 주심의 선고에 맞추어 3자 동시에 승자로 판단한 자 쪽의 기를 1항과 마찬가지로 올리고 승패의 선고와 동시에 내린다. 이 경우 비김 또는 기권의 표시는 할 수 없다.
15. 주심이 경기의 승패를 선고할 경우에는 승자 쪽의 기를 1항과 마찬가지로 표시하고 선고한 후 내린다.

〔선고, 통고의 방법〕
제9조 심판원은 다음의 선고 및 통고를 한다.
1. 경기의 개시를 선고할 경우 → '시작' : (경기자 쌍방이 중앙에서 대적세를 취하고 기가 충만했을 때)
2. 경기의 재개를 선고할 경우 → '계속' : (경기자 쌍방이 중앙에 선 체로 대적세를 취하고 기가 충만했을 때)
3. 유효격자의 선고를 할 경우 → '머리' '손목' '허리' '찌름' : (경기자 - 그 위치)
4. 유효격자의 선고를 철회할 경우 → '취소' : (경기자 - 중앙)
5. 두 판째 경기의 개시를 선고할 경우 → '두 판째' : (경기자 - 중앙)

6. 한 판 한 판의 경기의 개시를 선고할 경우 → '승부' : (경기자 - 중앙)
7. 판정에 의한 선고를 할 경우 → '판정' : (경기자 - 중앙)
8. 경기의 승패를 선고할 경우 → '승' : (경기자 - 중앙)
9. 연장전의 개시를 선고할 경우 → '연장 시작' : (경기자 - 중앙)
10. 한 판승을 선고할 경우 → '한 판승' : (경기자 - 중앙)
11. 부전승을 선고할 경우 → '부전승' : (경기자 - 중앙)
12. 판전승을 선고할 경우 → '판전승' : (경기자 - 중앙)
13. 추첨승을 선고할 경우 → '추첨승' : (경기자 - 중앙)
14. 대표전을 선고할 경우 → '대표전' : (양 단체의 감독에게 선고한다. 이 경우 양 단체의 감독은 동시에 대표자 명단을 주임심판 또는 심판장에게 제출한다.)
15. 심판원이 경기의 중지를 선고할 경우 → '중지' : (경기자 - 그 위치)
16. 심판원이 합의를 통고할 경우 → '합의' : (경기자 - 그 위치)
17. 반칙의 선고를 할 경우 다음과 같이 한다. → '○○ 반칙(반칙의 내용)' 반칙횟수(이 경우 반칙자에 대하여 손가락으로 횟수를 표시한다) : (경기자 - 중앙)

    반칙의 내용은 아래와 같다.
    (1) 장외로 나갔을 경우 → '장외'
    (2) 부당하게 밀어내거나 또는 찔러냈을 경우 → '밀어내기', '찔러내기'
    (3) 죽도를 놓쳤을 경우 → '죽도 놓침'
    (4) 격자의 의사없이 코등이 싸움을 계속했을 경우 → '코등이 싸움'
    (5) 다리를 걸거나 또는 후렸을 경우 → '다리걸기', '다리후리기'
    (6) 경기규칙 제21조 6항의 각 행위를 행하였을 경우 → '불공정행위'
18. 상대의 반칙에 의한 득점을 선고할 경우 → '한 판'(이 경우 반

칙자에 대하여 반칙의 선고를 한 후, 상대에게 한 판을 준다) : (경기자 - 중앙)
19. 상대자 또는 심판원의 인격무시에 의한 승패를 선고할 경우 → '인격무시승' : (경기자 - 중앙)
20. 부정죽도 사용에 의한 승패를 선고할 경우 → '부정죽도 사용승' : (경기자 - 중앙)
21. 경기자가 경기의 일시 중지를 요청하였을 때 경기의 중지를 선고할 경우 → '중지' : (경기자 - 그 위치)
22. 격자의사가 없는 코등이 싸움에 주의를 선고할 경우 → '코등이 싸움 주의(이 경우 반칙자에 대하여 손가락으로 표시한다)' : (경기자 - 중앙)
23. 상쇄의 선고를 할 경우 → '상쇄' : (경기자 - 중앙)
24. 경기의 계속을 기부 또는 중지를 요청했을 때의 승패를 선고할 경우 → '경기거부승' : (경기자 - 중앙)
25. 경기불능에 의한 승패를 선고할 경우 → '경기불능승' : (경기자 - 중앙)
26. 상대의 불법행위로 인하여 경기불능이 된 승패를 선고할 경우 → '불법행위승' : (경기자 - 중앙)
27. 무승부의 선고를 할 경우 → '비김' : (경기자 - 중앙)

제5장 기타사항에 관한 처리

제10조 이 규칙에 정해져 있지 않는 사항이 발생했을 경우에는 심판원은 합의하고 합의한 사항을 주임심판 또는 심판장에게 자문(諮問)하여 처리한다.

수   칙

본 규칙은 1989년 4월 1일부터 시행한다.

경기 운영상의 유의 사항

3. 경기운영상의 유의 사항

경기자의 유의 사항

1. 경기자는 경기개시 및 경기종료 전후에 다음과 같이 행동한다.

〔선수 입, 퇴장〕
(1) 선수는 입장 또는 퇴장할 때 선수석에 정렬하여 감독의 지시에 따라 정면에 대하여 예를 한 후 착석 또는 퇴장한다. 선수는 대회 주최자에 대하여 감사하다는 마음으로 정면에 예를 하는 것이다.

〔단체경기의 예(禮)〕
(2) 선수가 단체경기 때 상호 예를 할 경우, 경기를 개시할 때는 선봉, 2위, 종료할 때는 주장만이 호면과 호완을 착용하고 죽도를 들지 않으며 횡대로 정렬한다(제1도).

제1도 : 경기전후의 정렬방법(1팀)

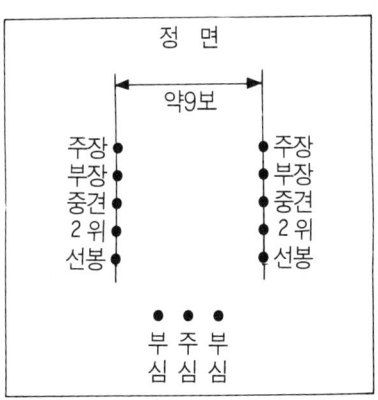

제2도 : 경기전후의 정렬방법(2팀)

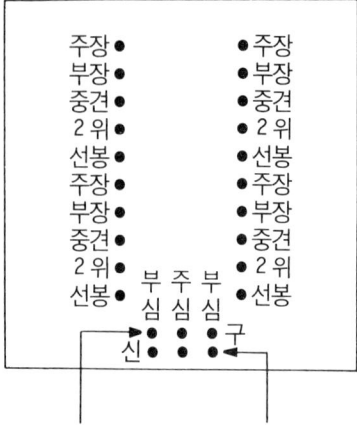

계속하여 다음 사항이 이어질 때는 경기장 내에 2개 팀이 1렬횡대로 정렬한다(제2도).

다만, 2개 팀의 정렬이 불가능할 경우에는 각 경기마다 서로 예를 한다.

〔정면에 대한 예〕

(3) 선수는 다음 경우에 정면에 대하여 예를 한다(개인경기도 이에 준한다).

  ① 첫 경기를 개시할 때 및 결승전을 개시할 때와 종료할 때
  ② 경기가 1일 이상 실시될 경우에는 그날의 첫 경기를 개시할 때 및 최종경기를 종료할 때

〔경기의 요령〕

(4) 경기자는 경기를 개시할 때 9보 거리에서 죽도를 들고 상호 예를 하고 허리칼의 자세를 취한 후 3보 앞으로 나가 중앙에서 죽도를 뽑아 죽도 끝이 닿을 듯 말듯 정도(허용범위 10cm)로 대적세를 취하고 주심의 '시작'의 선고로 경기를 개시한다.

(5) 경기자는 주심의 유효격자의 선고가 있었을 경우, 또는 심판원의 '중지'의 선고가 있을 경우에는 즉시 경기를 중지하고 경기장의 중앙으로 돌아가 서로 중단세를 취한다.

(6) 경기자가 경기의 일시중지를 요청할 때는 심판원에게 신호하고 그 이유를 주심에게 설명한다.
(7) 경기의 일시중지 후 시합을 재개할 때는, 경기자는 경기장 중앙에서 서로 중단세로 주심의 선고에 의하여 경기를 개시한다.
(8) 주심이 합의의 통고를 하였을 때, 경기자는 경기장 중앙에 선 채로 칼을 꽂고 구획선 안쪽까지 후퇴하여 준거(蹲踞) 대기한다.
(9) 경기자가 복장을 바르게 할 때는 위의 8항의 요령으로 행동한다.
(10) 경기가 끝날 때 경기자는 경기장 중앙으로 돌아가 중단세를 취하고 주심의 '승' 또는 '비김'의 선고가 있은 후, 죽도를 꽂고 허리칼 자세로 시작 위치로 3~5보 물러나서 죽도를 내리고 상호 예를 한다.
(11) 경기자가 '부전승'으로 승패의 선고를 받을 때는 실제 경기를 하는 요령으로 경기장 중앙으로 나아가 "뽑아 칼" 하고 선고를 받은 후 "꽂아 칼" 하고 물러난다.
(12) 단체경기 '부전승'의 경우에는 정렬하고 승패의 선고를 받는다.

[이도(二刀)의 대적세와 납도(納刀) 방법]
(13) 경기자는 다음 요령으로 이도를 사용한다.
   ① 소도(小刀) 및 대도(大刀)를 왼손에 잡는다.
   ② 대적세를 취할 때는 먼저 오른손으로 왼손에 잡은 죽도를 뽑아 왼손으로 옮기고, 다음에 오른손에 잡을 죽도를 빼서 대적세를 취한다.
   ③ 죽도를 꽂는 방법은 먼저 오른손에 가진 죽도를 꽂고 다음에 왼손에 가진 죽도를 꽂는다.

[경기의 예(禮)]
(14) 경기자는 경기장내에서는 상호 예만을 하고 경기의 진행상 심판원에 대한 예나 상호 개인적인 좌례(座禮) 등은 하지 않는다.

[경기자와 심판원이 교체될 때]
(15) 경기자가 교체될 때 불필요한 행동을 하면 안 된다(갑 두드리기, 악수 등).

(16) 경기자는 심판원이 이동하여 정위치에 설 때까지는 경기장에 들어가서는 안 된다.
(17) 다음 경기자는 앞의 경기자가 경기장에서 나올 때까지는 경기장 내에 들어가서는 안 된다.

2. 코등이 싸움에 관하여

[코등이 싸움의 시간]
(1) 경기자는 격자의 의사없이 코등이 싸움을 하지 않으며 공연히 시간을 낭비해서는 안 된다. 적극적 공세를 취하여 속히 코등이 싸움을 해소시키지 않으면 안 된다(약 20초).

[올바른 코등이 싸움]
(2) 경기자는 상호 죽도의 코등이 밑부분으로 상대의 죽도를 자기 죽도 왼쪽으로 교차시켜 올바른 코등이 싸움을 하여야 한다.

3. 기타 사항

(1) 덧신, 테이프, 서포터 등의 사용은 한쪽 발에만 사용할 수 있으며, 미리 심판장 또는 주임심판원의 허가를 받아야 한다.
　　다만, 바닥이 고무나 가죽으로 된 것은 사용할 수 없다.
(2) 선수 대기석에 시계를 지참하거나 '사인' 등에 의한 지시나 경기자에 대한 성원 등은 해서는 안 된다. 응원은 박수만으로 한다.
(3) 경기자는 대회 요강(要綱)에 지시된 소속단체명 및 성명을 명기한 천으로 만든 명찰을 착용하여야 한다.
(4) 경기자는 시합 중에 호구가 흐트러지지 않도록 단단히 착용하고 다음 사항을 준수하여야 한다.
　① 호면의 끈 길이는 매듭에서 약 40cm 이내로 한다.
　② 갑끈(뒤에서 매는 밑의 끈)은 나비모양으로 맨다.

심판의 유의 사항

1. 심판장의 신호

[경기를 시작할 때]

경기를 시작할 때의 심판장의 신호는 다음과 같다.

(1) 하나의 경기장일 경우에는 최초의 경기자가 입장하여 9보의 거리에 섰을 때, 심판장은 일어나서 주심의 선고로 경기를 시작하도록 한다.

(2) 두 개 이상의 경기장일 경우에는 최초의 경기자가 모두 출장(出場)하여 9보 떨어져 섰을 때 심판장은 일어나서 호각 등으로 신호를 한다.

2. 심판기의 수수(授受), 반납요령

[경기개시 전의 심판기의 수수]

(1) 주임심판은 경기개시 전에 심판장으로부터 심판기를 받는다. 심판

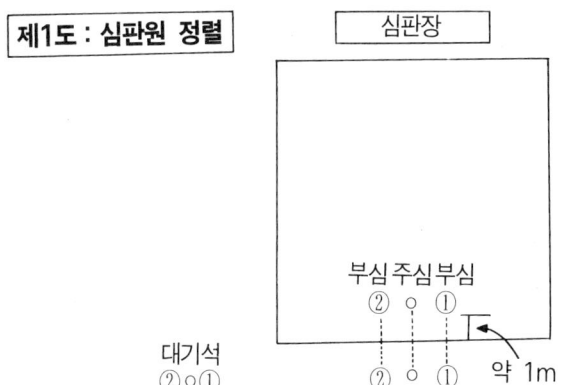

원은 경기개시 전까지 다음과 같은 요령으로 입장하여 심판기를 수수하고 정위치에 선다.

① 심판원은 중앙에 일렬로 서서 하좌측으로부터 입장하고 구획선 안쪽 중앙에 정렬하여 정면에 대하여 예를 한다(제1도).

② 첫번째 경기의 주심은 심판장 또는 주임심판으로부터 심판기를 받는다.

③ 주심은 심판기를 부심 ①, ②의 순서로 손잡이가 받는 사람 쪽으로 가게 하여 전달하고 정위치에 선다.

〔심판원의 정위치〕

(2) 심판원은 상호 예를 한 후 오른손에 심판기를 내려가게 하여 들고 각자 정위치에 선다(제2도).

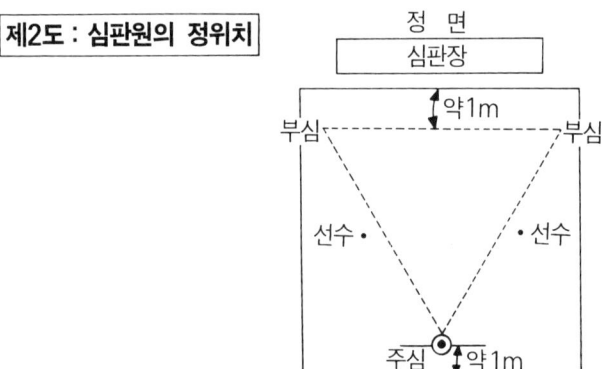

제2도 : 심판원의 정위치

① 주심은 구획선 안쪽 약 1m, 두 경기자의 중앙에 선다.

② 부심은 구획선 안쪽 약 1m, 주심을 정점으로 하여 이등변삼각형의 저변에 선다. 경기자는 이등변의 바깥쪽에 위치한다.

〔심판기를 쥐는 법〕

(3) 주심은 오른손에 청색기, 왼손에 백색기를 아래로 내려서 쥐고 부심은 이와 반대로 쥔 다음에 심판 상호 예를 한다.

〔심판원의 이동, 교체〕

(4) 심판원은 다음 요령으로 이동, 교체한다.

운용상의 유의사항 243

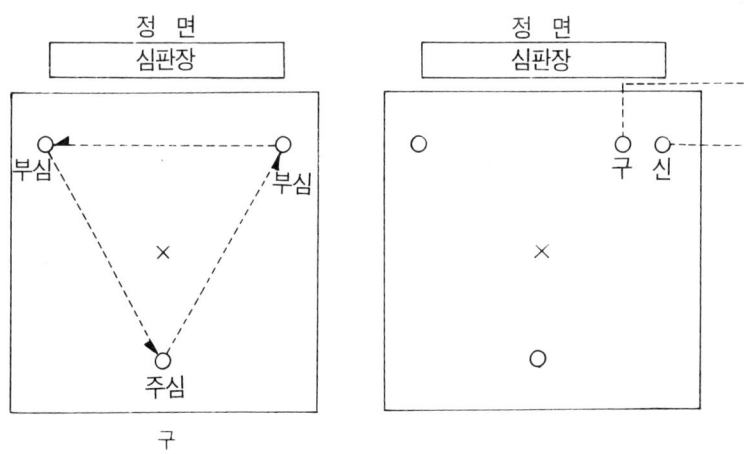

제6도 : 심판원의 교체

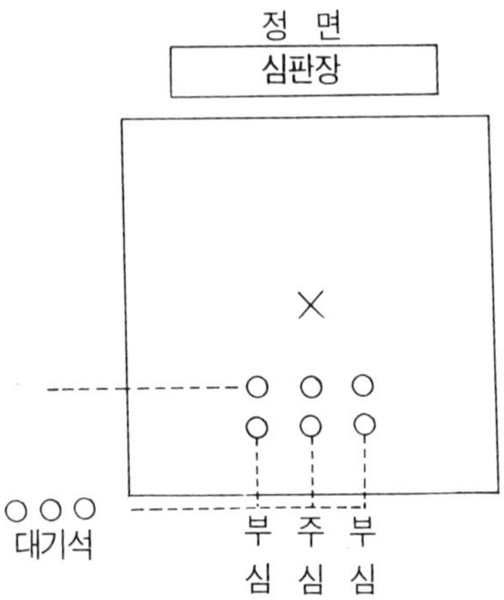

정　면
심판장

```
              ×
        ○  ○  ○
        ○  ○  ○
○ ○ ○
대기석   부  주  부
        심  심  심
```

① 주심 및 부심이 이동하여 교체할 때는 아래 그림과 같이 한다(제3도).
② 심판원이 그 장소에서 교체할 때는 아래 그림과 같은 요령으로 한다(제4도).
③ 주심 및 부심이 이동하여 다음 심판원과 교체할 때는 아래 그림과 같은 요령으로 한다(제5도).
④ 종료한 심판원이 다음 심판원과 교체할 때는 다음과 같은 요령으로 한다(제6도).
⑤ 종료한 심판원은 정면에 예를 한 후 뒤로 돌아 뒤에 정렬하고 있는 심판원에게 각각 심판기의 손잡이를 받는 사람 쪽으로 가게 하여 전달한다.

〔경기종료 후의 심판기의 반납〕
(5) 심판원은 경기종료 후 다음 요령으로 심판기를 반납하고 퇴장한다.
① 심판원은 경기가 종료했을 경우, 예를 한 후 백색기를 안으로 하고 청색기를 밖으로 하여 받아서 오른손 아래로 향하게 하여 쥐고 원위치로 돌아간다.
② 주심은 부심 ①, ②의 순서로 심판기를 회수하여 주임심판 또

는 심판장에게 반납한다(제1도 참조).
③ 심판원은 정면에 예를 한 후 정렬하여 하좌측으로 퇴장한다.
④ 주임심판은 해당 경기장에서 최종 경기가 끝난 후, 심판원으로부터 심판기를 받은 후 심판장에게 반납한다.

3. 심판원의 복장

심판원의 복장은 다음과 같다. 다만 대회 요강에 따라 변경될 수 있다.
(1) 상의 : 흑색 또는 감색(계절이나 대회 장소의 상황에 따라 상의 착용에 관해서는 심판장의 판단에 일임한다)
(2) 하의 : 흑색 또는 감색(다만, 하절기에는 미색)
(3) 와이셔츠 : 흰색(다만, 하절기에는 반소매)
(4) 넥타이 : 진홍색
(5) 양말 : 흑색 또는 감색

4. 표시 및 게시방법

(1) 득점과 반칙 등의 표시

득점표시 (10cm) : 득점표는 빨간 바탕에 직경

머리표시   ㅁ : 빨간 바탕에 ㅁ(흰색) 글씨
손목표시   ㅅ : 빨간 바탕에 ㅅ(흰색) 글씨
허리표시   ㅎ : 빨간 바탕에 ㅎ(흰색) 글씨
찌르기 표시   ㅉ : 빨간 바탕에 ㅉ(흰색) 글씨
반칙승 표시   ㅂ : A팀이 반칙 2회를 범했을 때 상대에게 한 판승을 주고, B팀 게시판에 ㅂ(반칙승)을 표시한다 (게시판의 5위란 참조).

○○ : 빨간 바탕에 공란 : B팀 선수가 기권(경기불능) 및 불법행위를 했을 때, A팀 선수에게 두 판을 주고 A팀 게시판에 ○○를 표시한다(게시판의 부장란 참조).

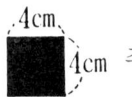 4cm 4cm 주의표시 : 검정색   ▲ 5.5cm 5.5cm   반칙표시 : 빨간색

※ 주의 2회 때 : ■(주의 1회)를 떼어내고, 반칙 1회 ▲를 표시한다.
※ 반칙 2회 때 : ▲(반칙 1회)를 떼어내고 상대방에게 반칙승 판정 ㅂ을 표시한다.
※ 기록용지에 반칙 및 주의횟수를 기록한다.
※ 득점수 표시 순서 : 게시판의 주란을 참조.
※ 무승일 때 : 게시판 용지에 빨간 줄로 ▨(무승부)를 표시한다(게시판 2위, 3위란 참조).

(2) 게시방법

① 7인조

순위	성 명	팀 명			팀 명			성 명
선봉	12cm ~20cm~	~13cm~ 12cm	~13cm~	~13cm~	~13cm~	~13cm~	~13cm~	~20cm~
2위				╳	╳			
3위		■▲	ㅁ	╳	╳	ㅅ	▲	
중견			ㅎ				■	
5위					ㅂ			
부장			○	○				
주장			ㅁ	ㅅ	ㅁ	ㅎ		
대표전								

첫째판 (둘째판) 셋째판 (셋째판) 둘째판 (첫째판)

② 5인조 : 7인조 게시판과 같으나 3위와 5위란은 기재하지 말 것.

79. 8~82. 8 제4·5회 세계선수권대회 국가대표선수
85. 88. 91년도 제6·7·8회 세계검도선수권대회 국가대표코치
94. 95년도 제9회 세계선수권대회 여자대표감독
현재 : 대한검도회 심의위원, 심판위원, 심사위원
　　　충청북도 검도회 상임부회장
　　　청주시 체육회 경기이사
　　　충청북도 체육회 경기이사
　　　충청북도 음성교육청 장학사
포상 : 체육부장관상. 문교부장관상. 국무총리상. 대통령 표창.
　　　체육훈장(기린장).

검도8단, 교사
고 규 철

표준 검도교본

- 감　수 / 고　규　철
- 편　자 / 권　순　만
- 발행자 / 남　　　용
- 발행소 / 一信書籍出版社

주소 : 121-110
　　　서울 마포구 신수동 177-3
등록 : 1969. 9. 12. (No. 10-70)
전화 : 703-3001~6
FAX : 703-3009
ⓒ ILSIN PUBLISHING Co. 1995.

값 14,000원